ものみの塔 誌を深読みする
他 二編

クリスチャンブック研究会

文芸社

目　次

ものみの塔 誌を深読みする

前書き

　20万人を優に越すに相違ないものみの塔 誌の読者の皆さんの中には、読んでいて「おかしい」と思われる箇所に出会った経験のある方がおられると思います。そうした疑問をそのままにしておくこともできますが、問題点について考察することで、新しい知識と高度の理解に導かれ、より知的な判断ができるようになります。

　この小文はものみの塔 誌を深読みすることで感じた疑問、気づいた問題点を考察し、折りに触れて書き留めた批評をまとめたものです。批評の目的は誤りや欠点と思われる問題点を指摘してあげつらうことではありません。批判的態度ではなく批判的思考力すなわち自ら考える力を働かせることで、真実を見極めるため、また裏に隠れていることを読み取るためです。

　自ら考える自由を尊重される方は、もし未だそうされていないならば、深読みすることによって、多くの新しい発見をされるに違いありません。なお以下の点に是非ともご留意くださいますようお願い致します。

　(1)この批評はあくまでも私見であり、殊更に広める意図のものではなく、理解と関心のある方々の参考に資するものです。また反ものみの塔 の立場での物言いではありま

せん。

(2)この批評はものみの塔 誌の価値をいささかも貶める
ものではありません。毎号のものみの塔 誌には学ぶこと
のできる、また学ぶべき有益な記事が多く載せられていま
す。引き続きご愛読ください。

論点の取り違え

偽りの宗教から自由にされる

2016/11　21-30頁

　ものみの塔 誌の訳は以下の引用文が示すように「バビ
ロンへの捕らわれ」の理由を論じる視点に立った意訳であ
る。

　　・「当時のクリスチャンは、矯正や懲らしめが必要だった
　　ので大いなるバビロンに捕らわれたのでしょうか」―26頁
　　1節
　　・「とはいえ、聖書研究者たちは矯正や懲らしめを必要と
　　したので大いなるバビロンに捕らわれた、と結論するの
　　は間違っているでしょう」―29頁9節

　しかし、
・大いなるバビロンへの捕らわれは西暦2世紀に始まった。

　　「最後の使徒の死後まもなく真のクリスチャンは大いな
　　るバビロンに捕らわれました」―25頁15節

・1914年-1918年に聖書研究者たちは大いなるバビロンに

束縛されてはいなかった。

> 「第一次世界大戦中、それらのクリスチャンは、大いなるバビロンの隷属状態になるどころか、その束縛から自由になりつつあり、他の人々も自由になれるよう助けていたのです」—27頁4節
> 「彼らは偽りの宗教から離れる責任を理解しており、第一次世界大戦中、偽りの宗教の世界帝国との関係をほぼ完全に絶っていたのです」—29頁9節

　以上の論議によって「バビロンへの捕らわれ」の理由は論外の域に置かれたことになる。すなわち「第一次世界大戦中にバビロンへの捕らわれは無かった」と述べた記事の中で「バビロンへの捕らわれ」つまり存在しなかったことの理由を論じるのは、「死んだ子の年を数える」に等しく無意味なことである。

　このことに気付かないとすれば、それはものみの塔 誌の記事は常に正しいという先入観のためである。

　この研究記事の論点：「エホバの矯正と懲らしめ」を必要とした理由は、「バビロンへの捕らわれ」にあるのではなく、両者には因果関係が無い。—29頁9節

　上に引用したものみの塔 誌（26頁1節および29頁9節）

の訳は論点を取り違えている。研究記事全体の論旨を正確に把握せずに意訳を試みることは誤訳の元である。

この記事が書かれた本当の理由・隠された意図：

・従来の見解

「これまでわたしたちは、エホバの民は第一次世界大戦中、熱心に伝道を行なわなかったために神の不興を買った、と理解していました。そのためエホバはご自分の民が大いなるバビロンに短期間捕らわれることを許された、と考えていたのです」―27頁5節

・見直しの理由

「しかし、1914年から1918年までの期間に奉仕していた忠実な兄弟姉妹は、当時の主の民は全体として、伝道を続けるためにできる限り努力していた、と述べています。この証言を裏付ける強力な証拠があります。<u>神権的な歴史をより正確に理解した結果、聖書の幾つかの記述もより明確に理解できるようになりました。</u>」― 27頁5節　下線は筆者

・見解を変えた本当の理由

現代の「神権的な歴史」は語り尽くされたと言って良いほど公にされている。では見直しの本当の理由は何か。

・マラキ3章1-3節の預言は1914-1919年初めのエホバの証

人の歴史にその成就を見た。(30頁14節)

・しかしこの見解には合理的に説明できない矛盾がある。
(22頁6-7節)

　何故ならば大いなるバビロンに捕らわれた1918年当時の
霊的に汚れた状態は、解放された1919年にも同様に続いて
いた。例えば——

　　クリスマスは1926年までブルックリン本部で祝われてい
　　た。—神の王国は支配している！(98頁、102頁)
　　十字架は1920年代の終わり頃まで用いられていた。(同書
　　103-105頁)

　従って「清め」の理由は大いなるバビロンからの汚れで
はない。

・「矯正および懲らしめ」の必要と「バビロンへの捕らわ
れ」との関連を切り離すことでこの矛盾が解消される。

　研究記事の要約：
　1) 論旨：
　「エホバの民が必要な懲らしめを受けて清められた」こ
と (30頁14節) は大いなるバビロンへの捕らわれとは無関
係である。
　2) 問題点の提起 (26頁1節)
　　「当時のクリスチャンは、矯正や懲らしめが必要だった

ので大いなるバビロンに捕らわれたのでしょうか」

"Is there a connection between their need for correction and discipline during that time and their being held in Babylonian captivity?"［その期間中に彼らが矯正と懲らしめを必要とした事と彼らがバビロンに捕らわれる事との間には関係があるのでしょうか］

3) 解答（29頁9節）

「とはいえ、聖書研究者たちは矯正や懲らしめを必要としたので大いなるバビロンに捕らわれた、と結論するのは間違っているでしょう」

"However, it would be a mistake to conclude that Bible Students were first taken into captivity to Babylon the Great because they needed correction and discipline."［彼らが矯正と懲らしめを必要としたので、それに先立ち、前提として大いなるバビロンへの捕らわれがあったと結論するのは誤りと言えるでしょう］

即ち分かりやすく言えば両者は無関係である。

4) 復習の質問（26頁）

「第一次世界大戦中、神の民に矯正と懲らしめが必要だったのはなぜですか。懲らしめが必要だったからと言って、どのように結論すべきではありませんか」

"Why did Jehovah's servants need correction and discipline during World War I, but what does that not indicate?"［第一次世界大戦中、神の民に矯正と懲らしめが必要だったのは何故ですか。しかしそれは何を意味するものではありませんか］

即ち矯正と懲らしめの理由がバビロンへの捕らわれと関係があるとは示されていない。即ち別の言葉で言えば両者は無関係である。

翻訳の問題点：

1）冒頭の質問

"Is there a connection between their need for correction and discipline during that time and their being held in Babylonian captivity?" —26頁1節

ものみの塔 誌の訳：

「当時のクリスチャンは、矯正や懲らしめが必要だったので大いなるバビロンに捕らわれたのでしょうか」→「矯正や懲らしめが必要だったので大いなるバビロンに捕らわれたのではない」

試訳：「当時のクリスチャンは大いなるバビロンへの捕らわれと言う理由で矯正や懲らしめを必要としたのでしょ

うか」→「大いなるバビロンへの捕らわれと言う理由で矯正や懲らしめを必要としたのではない」

　上記の試訳は研究記事の論旨を踏まえてものみの塔 誌の訳を書き換えたものだが、その論旨を理解すれば明らかなように「バビロンへの捕らわれ」は原因で、「矯正や懲らしめの必要」はその結果である。ものみの塔 誌の訳では原因と結果が逆で主客が転倒している。

　原文の字義に沿った訳：
「彼らが矯正と懲らしめを必要とした事とバビロンに捕らわれる事との間には関係があるのでしょうか」→「両者は関連していない。即ち無関係である」との結論が導き出される。
　翻訳者は研究記事の論点を正確に把握していない。原文の正確な理解に基づかない意訳は原文の意味を正確に伝えない。日本語訳からは研究記事の筆者が意図する結論を導き出すのが困難である。

2)"However, it would be a mistake to conclude that the Bible Students were <u>first</u> taken into captivity to Babylon the Great because they needed correction and discipline.
　　　—29頁9節
　原文は回りくどい文章であるが、日本語訳「聖書研究者

たちは矯正と懲らしめを必要としたので<u>大いなるバビロン</u>
<u>に捕らわれた、と結論するのは間違っているでしょう</u>」は
原文中の "first" を省いているので原文の正確な訳ではない。

　原文の真意：

「矯正と懲らしめを必要としたからと言って、<u>それよりも</u>
<u>先に</u>［先ず］大いなるバビロンに捕らわれた」→「捕らわ
れが懲らしめより先にあった」→即ち「捕らわれが矯正や
懲らしめの理由であると結論するのは誤りと言えよう」

　試訳：

「彼らが矯正や懲らしめを必要としたからといって、それ
に先立ち、［前提として］大いなるバビロンへの捕らわれ
があったと結論するのは誤りと言えるでしょう」

　この批評は私見であり、当否の判断は読者の判断に委ね
られています。広める意図のものではなく、理解と関心あ
る方々の参考に資するものです。

新世界訳の改訂－初版に内在した問題の是正

神の言葉の生きた翻訳
2015/12/15　11頁10-12節

明快で正確な翻訳

10 「聖書を数多くの言語に翻訳する過程で多くの問題が生じました。〜

11 幾つかの言語では、英語に倣って、ヘブライ語の『ネフェシュ』とギリシャ語の『プシュケー』を一貫して『魂』といった語に訳していましたが、そのため幾らかの混乱が生じました。『魂』という語は、人の非物資的な部分を指すような印象を与え兼ねなかったからです。〜そのため、この語を、『新世界訳聖書－参照資料付き』の付録に挙げられている幾つかの意味に基づき、文脈に沿って翻訳することが承認されました。〜

12 翻訳者たちからの質問により、<u>他にも</u>同様の誤解が生じ得る<u>箇所のある</u>ことが分かりました。そのため統治体は2007年9月、英語版の改訂を承認しました。改訂作業の際、聖書翻訳者たちからの幾千もの質問が検討されました。〜他の言語でなされた工夫を適用することにより、英語

の翻訳が研がれたのです。—箴言21：17。

　※下線部は原文には無い。12節は11節で取り上げた「魂」その他の問題を引き続き英語版に適用したもので「他の箇所」について述べたのではない。

　この問題は英語から他の言語へ「翻訳する過程で」生じたのではない。英語の新世界訳自体が聖書の原語からの翻訳であり、同じ原語にはすべての箇所で同一の訳語を当てたことから生じた問題であり、英語の新世界訳に当初から内在していた。（新世界訳聖書-参照資料付き1985年7頁）「魂」が人間の肉体とは別の非物質的なものと一般に考えられているのは、英語圏においても他言語文化圏におけると同様である。（*Oxford American dictionary* 見出し語 "soul"）統治体は他言語への翻訳者から質問を受けて初めて「（英語版にも）同様の誤解が生じ得ることが分かった（"raised awareness" 気がついた）」のだろうか？

ヘブライ語「ネフェシュ」についての考察：

　レビ記17：11

　肉の魂（ネフェシュ）は血にあるからであり〜

　　　　　　　　　　　　　　　　　—新世界訳1985年

　生き物の命（ネフェシュ）は血にあるからであり〜

　　　　　　　　　　　　　　　　　—改訂新世界訳2019年

「創世記2：7『人は生きた魂になった』における『魂』nepesh を今の人たちが普通に用いる形而上、神学上の意味に取ることはできない。」

—*Theological Wordbook of the Old Testament* p.590

「殆どすべての英語聖書において『魂』"soul" の語が問題なのは、どの文脈にも使える、一語でヘブライ語に相当する英語が見当たらないことである。」

—*Vine's Complete Expository Dictionary of Old and New Testament Words,* OLD TESTAMENT SECTION p.237

　それで問題の根源は新世界訳翻訳委員会の定めた方針にある。「それぞれの主要な語に一つの訳語を当て、文脈上許されるかぎり努めてその語を用いることによって、翻訳の一貫性が保たれています。」（新世界訳聖書–参照資料付き1985年；7頁）この方針は改訂版では全く放棄された。「改訂版では、原語を本来の意味に沿って訳すことにしました。」（改訂新世界訳 p. 2043）

　同じ頁に、「これまでの版で、ヘブライ語のネフェシュとギリシャ語のプシュケーは、一貫して『魂』と訳されていました。一般に、『魂』という言葉の誤った理解が多いため、一貫して『魂』と訳すことで、これらの原語を聖書筆者が本来どう使っていたかが読者に分かるようになって

いました」との記述があるが、読者にとって大切なのは聖書筆者がこれらの語を「本来どう使っていたか」ではなく、何を言おうとしていたかである。

　一例として、レビ記17：11は注目に値する。何故ならば、「ネフェシュの語が、生命を意味する言葉として定義されている、最も意義深い聖句の一つである。生き物の命（nepesh）は血の内にある。」― *Theological Wordbook of the Old Testament,* p. 590

　　旧約聖書の叙述的また歴史的な節において、nepeš は例えばレビ記17：11の場合、「命」または「自己」と訳し得る。「血はその中の命によって贖いをするのである。」［新共同訳］～言うまでもなく、このような聖句において「魂」"soul" の語を用いるのは無意味である。
　　　　—Vine's Complete Expository Dictionary of Old and New Testament Words,　OLD TESTAMENT SECTION　p. 238

　このような問題のある語の取り扱いについて、新世界訳は欽定訳聖書の先例に倣い、その発端から「文脈に沿って翻訳する」（11節）ことにしておけば良かったのである。欽定訳聖書は「このヘブライ語一語に対して28の異なる英単語を用いている。」―同書 p.237

結局のところ、新世界訳聖書はものみの塔 の筆者が思わせるような正確で分かりやすい聖書ではなかった。レビ記17：11はその目立った例である。「肉の魂は血にある」は Vine の言葉を借りれば「無意味」であり、改訂版では「生き物の命は血にある」に訂正された。

　「他の言語でなされた工夫を適用することにより、英語の翻訳が研がれた」と言うのはこじつけである。元々良かったものが更に良くなったのではなく、悪かったものが良くなったに過ぎない。

　「聖書翻訳の基本原則」（日本語新世界訳改訂版2038-2041頁）に照らして見るとき、改訂前の新世界訳（全巻は1982年-2019年）は従来思われていたように「正確で分かり易い」聖書であったと言うには憚りがある。

「精錬」は実質的には「訂正」―神に由来するもの？

神が是認された教え方
2015/3/15　7-11頁

　「あなたはこれらのことを賢くて知能のたけた者たちから注意深く隠し、それをみどりごたちに啓示されたからです」―ルカ10：21

　1-3節：研究記事の題（神が是認された教え方）と主題の聖句（ルカ10：21）との関連が明白でない。神が是認されたのは『謙遜な人たちに霊的な真理が啓示された』事実であって、教え方ではない。

　　<u>3エホバはこの教え方を今でも是認しておられます。そのことをどのように示しておられますか。</u>

　下線部の原文：「エホバは変わりましたか（修辞疑問）。またこの教え方を今も是認していることを示しておられますか」→生ずる疑問：以前の教え方［9節：ナボテ；13, 14節：イエスの喩え］は是認されていたのか？

　4-5節：教え方が簡潔で明快になった例：

4第一に、『ものみの塔』誌の簡易版があります。〜

5第二に、『新世界訳聖書』の改訂版があります。〜

6節：「理解の精錬」

6第三に、理解の精錬があります。その例を幾つか取り上げましょう。「ものみの塔」2013年7月15日号では、「忠実で思慮深い奴隷」に関する理解がいっそう明快にされ、わたしたちは興奮を覚えました（マタ24：45-47）。その号では、忠実で思慮深い奴隷は統治体であり、「召使いたち」は、油そそがれた者であれ「ほかの羊」であれ、霊的に養われる人たちすべてを指す、と説明されました。（ヨハ10：16）そのような真理を学び、新しい人たちに教えることができるのは、何という喜びでしょう〜

　以前の理解（説明）を全く放棄した百八十度転回（ものみの塔 2020年4月号　研究記事14）であれば、「精錬」ではなく、過去の誤りの「訂正」である。以前の理解が「精錬」された理解と一致せず、相容れない場合、論理の整合性を保つのであれば、それは正しくなかったと言わねばならない。

　例えば高裁で「有罪」の判決が最高裁で逆転「無罪」になれば、二審の判決は誤りであったことになる。「訂正」を「精錬」と言いくるめるのは、国民感情を顧慮して事実

上の「敗戦」を「終戦」と言い習わしたのと同類である。

9-14節：

9「出版物」において聖書中の物語に関する説明の仕方は徐々に変わってきた〜

10神の民は長い間、聖書の記述のこのような説明によって、信仰を強められてきました。〜エホバは長い間、「忠実で思慮深い奴隷」がいよいよ思慮深くなるよう助けてこられました。

14エホバがこのように教えを明快にしてくださるのはうれしいことではないでしょうか。

　過去と現在におけるアプローチが両方とも有益であったように聞こえる。そうであれば、過去の出版物の中に見られた荒唐無稽とも言える説明（例えば1917年に出版されて広く配布された本 *The Finished Mystery*）をどう見るのか。［参考：Raymond Franz, *In Search of Christian Freedom* p.142,Commentary Press,2022］「精錬」の過程はこの記事が述べるように神の導きなのか？

　上に論じたとおり、「精錬」は事実上「訂正」であるから、それが神に由来するとは言い難い。神は「無秩序の神」"the author of confusion" *New King James Version* ではないからである。（コリント第一14：33）

筆者の意図：「精錬」（実質的には訂正）を神に由来する権威ある正当なものと認めさせる。

アダムに由来する死と「第二の死」

最後の敵である死は無に帰せしめられる
2014/9/15　26-27頁13，15，17節

13「最後のアダム」がアダムの子孫に永遠の命を与える時は間近に迫っています。すでに死んでいる人たちの大多数もその中に含まれています。彼らは地上に復活してきます。―ヨハネ5：28，29

15千年にわたる王国支配の終わりには、人々は罪と死から解放されていることでしょう。～アダムから受け継いだ死はついに除き去られます。

17人類の悲惨な経験すべての根本原因であるサタンはどうなりますか。啓示20章7-15節にその答えがあります。完全になった人間すべてに対する最後的な試みの際、サタンは人々を惑わすことを許されます。その後、サタンとサタンに従う者たちは永遠に滅ぼされます。これが「第二の死」です（啓示21：8）。この死が無に帰せしめられることはありません。「第二の死」を被る者たちは、決して生き返らないからです。エホバに忠実であるなら、「第二の死」を恐れる必要はありません。下線は筆者

アダムに由来する死は人類の敵であり、それゆえ滅ぼされ、無に帰せしめられるべきものである。「そして最後の敵である死が除き去られます。」（コリント第一15：26）

　それと異なり第二の死は永遠の抹殺という神の裁きであるから、滅ぼすべき敵ではない。従って第二の死がどうなるかは問題外である。（啓示20：14）

　第二の死が無に帰せられない理由として、ものみの塔は上に引用したように「この死［第二の死］が無に帰せしめられることはありません。『第二の死』を被る者たちは、決して生き返らないからです」と述べている。

「アダムの死」と「第二の死」がそれぞれどうなるかに関して、両者を直接に比較対照して述べるのは、この場合、理屈に合わない議論である。類似に基づく論理が常に正しいとは限らない。

文面から執筆者の真意をはかる

「すぐに動揺して理性を失ったり」してはなりません！
2013/12/15　6-10頁1，2，4，5，7-9，14節

1〜悪魔の影響を受けている者たちは、とりわけ真の崇拝を推し進める人たちに対して、ますます欺まんを弄するに違いありません。

2マスコミはエホバの証人やその信条に関して、誤解を招くことを述べたり、事実無根の事柄を伝えたりすることがあります。新聞記事、テレビのドキュメンタリー番組、インターネットのウェブページなどが、真実でないことを宣伝するために用いられます。その結果、ある人たちは動揺し、そのようなうそを信じ込んでしまいます。

・マスコミやインターネットからの情報の裏面にはサタンがいて、その全てが悪であると思わせる（1、2節）
・「目覚めていて、冷静さを保つ」→聖書的理由（テサロニケ第一5：1-6）（4-5節）
・何を避けるか？「金銭に対する愛」「肉の業」（7節）
　→本題「交わる人たち」（8、9節）への伏線——次に述べようとする筋の展開すなわち批判的な人を避けることに

備えて、避けるべきことが明白な「金銭愛」「肉の業」を前以て述べておく。

・誰を避けるか？（8、9節）
「偽使徒」「弟子たちを引き離して自分に付かせようとして曲がった事柄を言う者たち」（コリント第二11：4、13；使徒20：30）
「秩序を無視するすべての兄弟全て」（テサロニケ第二3：6）

> 8～パウロは～こう勧めています。「～無秩序な歩み方をするすべての兄弟から離れなさい」。それから具体的に、「働こうとしない」クリスチャンのことを述べています（テサ二3：6、10）。そうした者たちが無秩序な者とみなされているのであれば、背教に傾いている人たちは、なおさら無秩序な者と言えるのではないでしょうか。そうです、当時のそうした者たちと親しく交わることは非常に危険であり、避けるべきことでした。それは今日でも同じです。―箴13：20　下線は筆者

・聖句には含まれていない者が意図されているとの勝手な考え（8節の下線部）

> 9大艱難の勃発と、この邪悪な事物の体制の終わりは近づいています。ですから、ここで取り上げる霊感による1世

紀の警告は、今日いっそう重要な意味を帯びています。エホバの過分のご親切の「目的を逸」し、天あるいは地上における永遠の命の約束に預かれなくなることなど、わたしたちは決して望みません（コリ二6：1）。<u>集会に出席している人が、個人的な推測に関する議論や批判的な話にわたしたちを巻き込もうとするときは、決して用心を怠ってはなりません。</u>―テサ二3：13-15　下線は筆者

・批判的な人に用心を怠ってはならない理由：
　→動機付け：「終わりは近い」「永遠の命の約束」

14〜いつも目覚め、理性を失わないための主要な方法は、王国の良いたよりを宣べ伝える業に定期的に参加することです。会衆の頭であるキリスト・イエスは追随者たちに、すべての国の人々を弟子とし、わたしが教えた事柄を守り行うよう教えなさい、と命令されました。<u>この命令は追随者たちを保護するアドバイスでもあったのです。</u>（マタ28：19，20）イエスの指示に従って行動するには、宣べ伝える業に熱心であることが必要です。〜
下線は筆者

・聖句には含まれていないアドバイスが意図されているとの勝手な考え（14節の下線部）

・記事の目的と執筆者の意図

　エホバの証人の組織と信条に対する内部からの批判を封ずる。[エホバの証人に都合の悪い情報がインターネットで容易に得られることが背景にある]

エホバの証人とオウム真理教－組織の体質に類似点

七人の牧者、八人の君侯
－今日のわたしたちにとってどんな意味があるか
2013/11/15　30頁17節

17この記事を読んでいる長老の皆さんは、これまでに考慮した内容から次のような有益な結論を導き出すことができます。(1)来たるべき"アッシリア人"による攻撃に備えるための最も実際的な方法は、神に対する自分の信仰を強め、仲間の兄弟たちもそうするように助けることである。(2)"アッシリア人"が攻撃を仕掛けてくる時、長老たちは、エホバによる救出を心から確信していなければならない。(3)その攻撃の際、<u>エホバの組織から与えられる指示は、奇妙で異例なものに思えるかもしれない。しかしわたしたちは、皆、同意できるかどうかにかかわらず、どんな指示にも直ぐに従うべきである。それらの指示に従うことは命を意味するからである。</u>(4)世俗の教育、物質的なもの、人間の機関に信頼を置いている人がいるなら、今こそ、自分の考え方を調整すべきである。長老たちは、信仰の揺らいでいる人がいるなら、すぐに助けを与える態勢を整えていなければならない。

下線は筆者

2012/2/15　朝日新聞

　「『嫌だ』と思ったけれども、『無心の帰依』とばかりに
自分自身の思考・判断をかなぐり捨てて、上層部の指示・
決定のままに従い、結果として一連の凶悪犯罪に加担し
てしまった。このような苦渋に満ちた経験を経て、私は
自身の気持ちに素直であり続けたいと思っています。」
──オウム真理教元幹部・土谷正実被告（最高裁で死刑が
確定）が朝日新聞などに寄せた手紙。下線は筆者

2014/1/4　朝日新聞

　　部下は上司の指示への絶対的な服従を求められた。疑
うことは身の汚れだと教えられ、思考を停止し、人々は
互いの行動を監視した〜「一切の思考を停止し、上部か
らの指示に従うのが教団の生き方だった。」
地下鉄サリン事件でサリン入りの袋を突いた信徒の一人
が法廷で集団をそう語った。下線は筆者

　両者の組織の体質（組織・団体などが本質的に持ってい
る、特有の性質：学研現代新国語辞典）に類似点がないか、
上記を読んで判断していただきたい。

　エホバの証人の統治体は聖書を導きとし、神の霊に導か
れているのだから、オウム真理教と同列に論ずることがで

きないと、エホバの証人は考えるに相違ない。それは無論
だが、自分が組織に寄せる信頼をいっそう確かなものにす
るため、あるいはその当否を判断する材料として次の資料
を参考にしていただきたい。

　カール・ヨンソン『異邦人の時 再考』クリスチャンブ
ック研究会訳（せせらぎ出版）

「平和だ、安全だ」の宣言は預言ではない

待つ態度をどのように保てますか
2013/11/15　12-13頁9-11節

　　人々は、「平和だ、安全だ！」と言っている時に、突然滅ぼされる事になります。妊婦に起こる陣痛と同じように突然で、彼らは決して逃れられません。―テサロニケ第一5：3

どんな出来事が、待つ期間の終わるしるしとなるか

9テサロニケ第一5：1-3を読む。近い将来、諸国家は「平和だ、安全だ」と言う声を上げます～この注目すべき宣言に向けて、どのように状況が進展してきたかを簡単に振り返ってみましょう。

10～例えば、国際連合は1986年を国際平和年と宣言し、それを広く宣伝しました。この年には政界と宗教界の多くの指導者たちが、ローマ法王と共にイタリアのアッシジに集まり、平和のための祈りをささげました。

11しかし、平和と安全に関するその宣言も、それに類似し

た他の宣言も、テサロニケ第一5章3節の成就ではありませんでした。なぜなら、予告されていた「突然の滅び」は生じなかったからです。

　これは滅びが臨もうとする前触れ即ち滅びの前に（必ず）「平和だ、安全だ！」の宣言があるという（ものみの塔 が始終述べている）預言ではない。それは言い回し（表現の仕方）から判然とする。ものみの塔 の説明は主意すなわち中心となる重要な考え（滅びは突然に臨む）と従の考え（平和、安全の叫び）を入れ替えた主客転倒の不自然な読み方である。
　これは予期しない時に突如として滅びが臨むことを銘記させるための比喩的な表現と言える。滅びがいつ来るかを知ることはできない（テサロニケ第一5：2）。「平和だ、安全だ」の声は常にあり（エレミヤ6：14と比較）、想定された事柄である。

　イエスも同様に言われた：
　　「人々は食べたり、飲んだり、結婚したりしていました。そして、洪水が来て全ての人を流し去るまで注意しませんでした。」―マタイ24：38，39

「食べたり飲んだり」が予言でないのと同様に「平和だ、安全だ」の叫びも予言ではない。

上記の11節の論理はもっともなものとは言えない。出来事が起きた後でなければ成就であることが分からないとすれば、しるし（前兆）の意味がない。

神とイエス・キリストを「知る」こと

イエスの愛情深い祈りに調和して行動する
2013／10／15　27-28頁7節

　彼らが、唯一まことの神であるあなたと、あなたが
お遣わしになったイエス・キリストについての知識を取
り入れること、これが永遠の命を意味しています。
　　　　　　　　　　　　　　　—ヨハネ17：3 新世界訳

7ギリシャ語学者たちによると、「知識を取り入れる」と
訳されるギリシャ語は、「知りつづけるべきである」とも
訳せます。この二つの訳は原語の意味を補足し合うもの
であり、どちらも重要です。「参照資料付き聖書」のヨハ
ネ17章3節の脚注には、「彼らが……について知ること」
という訳も挙げられています。ですから「知識を取り入
れる」ことは継続的な過程であり、その過程を経た結果、
神について「知る」という恵まれた状態に至るのです。
とはいえ、宇宙で最も偉大な方について知ることには、
神の特質や目的を頭で理解するよりもずっと多くの事柄
が関係します。エホバと、さらには信仰の仲間と、愛と
いう堅いきずなで結ばれていることも含まれます。「愛さ
ない者は神を知るようになっていません」と聖書は述べ

ています（ヨハ一4：8）。それで、神を知ることには神に従順であることも含まれます。下線は筆者

・「知り続けるべきである」は語義（語の持つ意味）ではなく、アスペクト（動詞の語法）である。

"3 Should know (*ginōskōsin*). Present active subjunctive with *hina* (subject clause), 'should keep on knowing.'" ― A.T.Robertson, *Word Pictures in the New Testament* V p.275（1960）

・「知る」のギリシャ語は文脈によって意味内容に違いがある。例えばヨハネ17：3とは異なる例：
「（完全に）理解する」ヨハネ13：12，15：18，21：17……
「男女が肉体関係を持つ」マタイ1：25；ルカ1：34

・ヨハネ17：3は「知る」対象がその人にとって価値があり、重要であるために両者の間に関係や結びつきが確立されていることを意味する。このような知識は単に知的なものではなく、霊の働きに由る。―*Vine's Complete Expository Dictionary,* p.346 ［New Testament section］
　知識（＋認識）の例：ヨハネ17：3；8：32；14：20，31

・ヨハネ17：3の語法は同じギリシャ語でも他の文脈、例

えば「理解する」を意味するヨハネ13：12の語法とは異なる。特定の聖句おいて意味（用法）は一つであり、上に引用したものみの塔 のように一つの聖句に二つの意味を当てはめることはできない。

　新世界訳（旧版）の「知識を取り入れる」は適訳とは言えない。［改訂日本語版は「知る」に改訂・「知識を取り入れる」は脚注に移している］。先に引用した「二つの訳は～補足し合うもので～どちらも重要」との記述は、旧版の訳が適切でなかったことを取り繕う論法である。

　　永遠の命を得るには、唯一の真の神であるあなたと、あなたが遣わされたイエス・キリストを知る必要があります。―改訂新世界訳

　　永遠の命とは、唯一の、まことの神であられるあなたと、また、あなたのお遣わしになったイエス・キリストを知ることです。―聖書協会共同訳

神の「誓い」は約束を「保証」するため？
(ヘブライ6：16-18)

神に従い、神の誓った約束から益を得る
2012/10/15　24頁7節

7神がアブラハムに約束の実現を誓ったのはなぜでしょうか。キリストの共同相続者となって約束の「胤」の副次的な部分を構成する人たちに保証を与えるため、またその人たちの信仰を強めるためでした。(**ヘブライ6：13-18を読む。**ガラ3：29)　使徒パウロが説明しているように、エホバは「誓いをもって踏み込まれました。それは、神が偽ることのできない二つの不変の事柄［神の約束と誓い］によって、……わたしたちが、自分の前に置かれた希望をとらえるための強い励みを持つためでした」。

　冒頭の語句「神がアブラハムに約束の実現を誓ったのはなぜでしょうか」からは、(行間を読めば分かるように)「神の約束は必ず果たされるので誓う必要はないのに～」という筆者の心情が汲み取れる。ゆえに冒頭で提起された問いの答えは、「保証を与える」ためではないことが直ぐに分かる。

　ところが7節には「保証を与えるため～でした」とある。

そこで原文を読むと "assure"（保証を与える）ではなく "reassure"（安心させる）の語が使われている。故に「保証を与えるため」は誤訳で「安心させる」と訳すのが正しい。

　この記述「安心させるため」はヘブライ6：13-18に関する「洞察」第2巻191頁の説明と一致しない。聖句そのものが述べている事柄および「神の約束には保証を加える必要がない」というロジック（論理）から考えると、「洞察」よりも新しいものみの塔 誌のほうが理にかなうように思われる。

ヘブライ6：16-18についての考察

　パウロは人間の誓いを例にして神の誓いに言及しているが、人間の誓いの意味をそのまま神の誓いと同列に論じてはいない。両者は同じではなく、異なる意味合いを持つ。

　人間の誓いは約束が反故（はこ）にされるリスクを小さくする点で、誓いの有無は約束の質に相違を来たす。誓いを破ることは重大な結果になることから、誓いは約束が守られる保証となる。

　一方で神の約束は果たされたのも同然であるから誓いが加えられたとしても、約束に本質的な違いは生じない。両者の共通点は「安心感を与える」ことで「保証を与える」ことではない。しかし共通点のアナロジー（類推）で、神の誓いは約束を信じる励みを与える。

聖書は何と述べているか

<u>約束に誓いが加えられた理由</u>（目的）

　　「み旨の変わらないことをいよいよ豊かに示そうとした
　時、誓いをもって踏み込まれました。それは〜わたした
　ちが、自分の前に置かれた<u>希望をとらえるための強い励
　みを持つため</u>でした」―ヘブライ6：17，18 新世界訳　下線
　は筆者

<u>神が行われたこと</u>

　神は『保証を与えた』とパウロは述べておらず、「誓いをも
って踏み込まれた」と述べている。―ヘブライ6：17新世界訳
（改訂版（2019）では「保証を与えました」に変わっている）

この聖句（ヘブライ6：17）には様々な訳し方がある。

　　・King James Version "*confirmed it by an oath*"
　　　欄外："Gr. *interposed himself by an oath*"
　　　（*The Hendrickson Parallel Bible*, Hendrickson, 2010）
　　・Revised Standard Version："*interposed with an oath*"
　　　"interpose"（間に入る）はギリシャ語の字義を伝える訳
　　　語
　　・新世界訳："stepped in"
　　　改訂版（2013）では "guaranteed it with an oath" に変

わっている。"stepped in" は脚注に移された。

- New International Version：*"confirmed it with an oath"*

- その他（Eight Translation New Testament, Tyndale, 1984）

- 聖書協会共同訳「誓いをもって保証されたのです。」

　使徒17：31の「神は〜保証をお与えになった」はヘブライ6：17の「踏み込まれた」（新世界訳）また「保証なさった」（新共同訳）とはギリシャ語が異なる。

（*The New Strong's Exhaustive Concordance of the Bible,* Thomas Nelson, 1984）

伝道を止めるとイエスの敵になる？

2011/7/15　18頁15節　マタイ12：30

15サタンはわたしたちの信仰の声を沈黙させようとしています。良いたよりを宣べ伝えるのをやめさせようとしているのです。（啓12：17）〜サタンの策略に注目してください。〜「何もしないで、ぶらつき回る」〜「うわさ話をする」〜「人のことに手出しする」〜こうした無益で問題を引き起こす行動はどれも、神から割り当てられた王国宣明の業からわたしたちの注意をそらしかねません。エホバの業に活発に携わらなくなるなら、サタンに従い始めていることになります。中間の立場というものはありません。─マタ12：30　下線は筆者

私の側にいない人は私に敵対しており、私と一緒に集めない人は散らしています。（マタイ12：30）

イエスに敵対することは何もしていない人が、その理由だけでイエスの側にではなく敵対する側にいると言うならば、イエスを冒瀆したパリサイ人は間違いなく、そして遥かに度を越してイエスに敵対しており、両者は比べものにならない。（ルカ12：47，48と比較）

「エホバの業に活発に携わらなくなる」ことは、イエスに敵対することをしているのでない限り、イエスの側にいるか、いないかの問題ではない。「中間（中立）の立場」が無いと言える状況ではない。マタイ12：30のイエスの言葉はイエスに積極的に敵対したパリサイ人に向けたものである。

　人は様々ある何らかの理由で野外奉仕に不定期また不活発になるので、その場合は理由を考慮しなければならない。イエスの次の言葉を当てはめるべきである。

　　私たちに反対していない人は私たちに味方しているのです。―マルコ9：40

「実在しないもの」とは？

2011/7/15　13-14頁14-15節

実在しないものに従ってはなりません―サムエル第一
12：21、新世界訳――改訂新世界訳では「実体のないもの」

「実在しないもの」に従ってはならない

14〜イスラエル人は、人間の王に支配されていた周囲の諸
国民のようになりたいと思いました。その願望は、実際
には深刻な罪でした。王としてのエホバを退けることを
意味していたからです。エホバはイスラエル人が人間の
王を持つことを許しましたが、預言者サムエルを通し、
「実在しないもの」を追い求めないように強く警告しまし
た。―サムエル第一12：21を読む。

15イスラエル人は、エホバよりも人間の王のほうがある意
味で実在感があり、頼りになると思ったのでしょうか。
もしそうであれば実際には、実在しない者つまり現実的
でないものを追い求めていたことになります。それだけ
でなく、サタンを源とする他の様々な幻想を追い求める
危険もありました。人間の王は、民を偶像礼拝に引き込
むかもしれません。偶像礼拝者は、木や石でできた神々

のほうが、すべてのものを創造された目に見えないエホ
バ神よりもある意味で実在感があり、頼りになるという
間違った考えを抱きます。〜　下線は筆者

　サムエルは人間の王を求めたイスラエル人の罪を厳しく
叱った。(サムエル第一12：17，20) しかし、それはそれ
として、「実在しないものに従おうとしてはなりません」
[偶像を崇拝してはなりません](*New International
Version; The New Jerusalem Bible*) との訓令を与えた。
(同12：20-21)
　文脈から見て「実在しないもの」は人間の王を指してい
ない。サムエルはイスラエルの最初の王としてサウルに油
を注ぎ、以後、イスラエルおよびユダ王国の滅亡までイス
ラエル人は王政の下にあった。

　　役にも立たず救うこともできない空しいものを求めて
　離れてはならない。それは空しいものなのだ。(聖書協会
　共同訳)
　　サムエルは彼らをなだめました。「怖がることはない。
　過ちを犯したのは事実だが、問題はこれからだ。心を尽
　くして主を礼拝し、何があっても背いてはならない。(リ
　ビングバイブル)

組織に従うことによって神に従う？

2010/12/15　16-21頁14，15，17-20節

14イエスは今でも、史上最大の伝道と教育の活動を監督することにより、義と公正に対する愛を表わしています。
〜

15宣べ伝える業が神の業であることを銘記するのは、魂をこめて神に仕える助けになります。神が、この業を指揮して指導し、それに参加する人に聖霊によって力を与えておられるのです。あなたは、霊に導かれるみ子と一緒に、神と共に働く者として奉仕できるという特権を大切にしていますか。いったい、エホバ以外のだれが、236の国や地域で王国の音信を伝えるよう700万人を超える人々を動かすことができるでしょうか。しかも、その多くは「無学な普通の人」と見なされる人たちです。

—使徒4：13 下線は筆者

→イエスの監督の下に700万人以上が携わっている神の業：「伝道」に励むように！

17「〜あなたの神エホバの声に常に聴き従うゆえに、このすべての祝福があなたに臨み、あなたに及ぶことになる」。

（申28：2）〜エホバの祝福を願うなら、その声に『常に聴き従って』ください。そうすれば、エホバの祝福は「あなたに臨み、あなたに及ぶことに」なります。とはいえ、「聴き従う」ことには何が関係しているでしょうか。

→祝福されるために「エホバの声に聴き従う」ことは何を意味するのか？（17節）

1. 「神の言葉の述べる事柄と神が備えてくださる霊的食物を真剣に受け止める〜」（18節）
2. 「神が定められた取り決めに、すなわち『人々の賜物』である任命された長老のいるクリスチャン会衆に、進んで服することも意味しています。」
　　　　　　　　　　　　　　　　　—エフェ4：8（18節）
3. 「人々の賜物」：統治体の成員　支部委員　旅行する監督　会衆の長老（19、20節）

　　　　　　　　　　　　　　　　　　　　　　下線は筆者

　記事の目的・執筆者の意図：エホバの証人は神の組織という視点を前提に指導者に対する無批判の服従（権威主義）を奨励する。

「神の組織という視点」については次の記述がある。

・2020/7　研究記事28　9節

9まず、聖書の少なくとも<u>3つの基本的な教え</u>が真理であると確信できるようにしましょう。第一に、エホバが全てのものの創造者であるという点です。（出3：14，15。ヘブ3：4。啓4：11）第二に、聖書には人間に対するエホバからのメッセージが記されているという点です。（テモ二3：16，17）<u>第三に、エホバはキリストの指導に従う人たちのグループを持っていて、それがエホバの証人であるという点です。</u>（イザ43：10-12。ヨハ14：6。使徒15：14）こうした基本的な教えが真理であると確信するには、学者レベルの聖書の知識が必要なわけではありません。「理性を働かせて」聖書の真理に対する確信を強めることを目指してください。（ロマ12：1）下線は筆者

神が公正とは思えないとき

2010/10/15　9頁11節；11頁15-18節

いつでも事実すべてを把握しているわけではない

11第一に覚えておくべきなのは、わたしたちはいつでも事実すべてを把握しているわけではない、ということです。〜

ゆがんだ狭い見方をしかねない

15不公平と思える状況に直面するときに思い出すべき二つめの要素は、自分がゆがんだ狭い見方をしているかもしれない、ということです。不完全さ、偏見、文化的背景などのために、ゆがんだ見方をする場合があります。また、他の人の動機を見極めたり心を読んだりする能力が無いので、狭い見方しかできません。それとは対照的に、エホバにもイエスにも、そのような限界はありません。―箴言24：12。マタ9：4。ルカ5：22。

16では、ダビデとバテ・シバとの姦淫に関する記述を分析してみましょう。(サム二11：2-5) モーセの律法によれば、二人は処刑されて当然でした。(レビ20：10。申22：22) エホバは二人を罰しましたが、ご自分の律法を執行され

ませんでした。それはエホバが不公平だったということ
でしょうか。ダビデにひいきして、ご自身の義なる規準
に反することをされたのでしょうか。聖書を読んでその
ように思った人たちもいます。

17 しかし、姦淫に関するこの律法は、心を読むことのでき
ない不完全な裁き人にエホバがお与えになったものです。
それら裁き人は、能力に限界はあったものの、その律法
に基づいて一貫した裁きを行うことができました。一方、
エホバは心を読むことができます。(創18:25。代一29:
17)ですから、不完全な裁き人のために設けた律法にエ
ホバご自身も縛られる、と考えるべきではありません。
そう考えるとしたら、それは、申し分のない視力の人に
視力を矯正するための眼鏡を掛けさせるようなものでは
ないでしょうか。エホバはダビデとバテ・シバの心を読
んで、二人の真の悔い改めを知ることができました。そ
のような要素を考慮に入れて、それに応じた憐れみ深い、
愛ある裁きを下されたのです。

エホバの義を求め続ける

18 ですから、エホバの側に不公平があると思える場合は聖
書の記述を読んでいる時であれ、自分自身がそのような
経験をしている時であれ、決して義に関する自分の規準
で神を裁くことがないようにしましょう。わたしたちは

いつでも事実すべてを把握しているわけではなく、ゆがんだ見方や狭い見方をしているかもしれない、ということを覚えておきましょう。「人の憤りは神の義の実践とはならない」ということを忘れてはなりません（ヤコ1：19、20）そうすれば、わたしたちの心が「エホバご自身に向かって激怒する」ことはないでしょう。―箴言19：3。

19イエスと同じようにわたしたちも、何が義にかなっていて良いことかに関する規準を定める権利を持っているのはエホバだけである、ということを常に認めましょう。（マル10：17、18）神の規準に関する「正確な知識」あるいは「真の知識」を得るように努めましょう。（ロマ10：2。テモ二3：7、「二十世紀新約聖書」［英語］）わたしたちは、神の規準を受け入れて自分の生活をエホバのご意志に合わせることにより、「神の義」を第一に求めていることを示すのです。―マタ6：33。

ものみの塔 の論は知的なアプローチであるのに対して、それより説得力がある聖書的なアプローチがある。

ヘブライ11：6は神に近づくための二つの条件（前提）を設定している。

神に近づく人は、神が存在し、熱心に仕えようと努める人たちに報いてくださる、ということを信じなければ

なりません。―日本語版改訂新世界訳

"for whoever approaches God must believe that he is and that he becomes the rewarder of those earnestly seeking him." ―英語版改訂新世界訳

「報いてくださる」のを信じることが『神の存在』を信じること［自明の理］と同列に置かれているのに注目すべきである。「報いてくださる者」（"rewarder" 英語版改訂新世界訳）は聖書用語では「賃金を支払う者」を意味する。（ヘブライ11：6で神を指しているのは換喩(かんゆ)）*Vine's Complete Expository Dictionary of Old and New Testament Words* p. 533 [NEW TESTAMENT SECTION]

律法の定めに照らせば、雇い主に何よりも求められる資質は公正である。（申命24：14、15；ヤコブ5：4）従って神が「報いてくださる者」であることを信じるのは、神が常に善であり、公正であることを信じるのに等しい。この信頼は愛に基づく。

愛には恐れがなく、完全な愛は恐れを締め出します。恐れは私たちを縛るからです。恐れている人は、完全な愛を持つことができていません。―ヨハネ第一4：18　改訂新世界訳

わたしたちを心から愛して下さる方を、どうして恐れ

る必要がありましょう。もし恐れがあるなら、それは神が私たちに何をなさるのか不安をいだいているからです。神の完全な愛は、そんな恐れをすべて取り除きます。恐れている人は、神の愛をまだ十分理解していないのです。

—ヨハネ第一4：18　リビングバイブル

　恐れは自分が本当に愛されていることに十分の確信がない表れである。逆に言えば、自分に対する神の愛を十分に確信しているならば、人間に対して神の行われることが、たとえ時に理解を超えるとしても、神の善を信じることができる。

　神の善は「自らの経験」また「実践」から学ぶものである。（ローマ12：2, *Living Bible; Philips Modern English*）故に「神の規準に関する『正確な知識』あるいは『真の知識』を得るように努め」る（11頁19節）のも良いことだが、勝った方法は愛に成長することである。信仰は現在また将来における神の愛が確かであることを確信させる。

（ローマ5：1-11）

　　神から良いと認められると希望を持てます。その希望が失望に至ることはありません。私たちに与えられた聖なる力によって、神の愛が心の中に注がれているからです。

—ロマ5：4, 5

結論：

(1)神に近づくために是非とも必要なのは、神の存在を信ずるのと同様また同等に神の善を堅く信じることである。

(2)愛において完全にされる時（ヨハネ第一4：18）、神性（神としての性格・性質）について理由や説明を要する答えを求めることは無用となる。愛に基づく信仰は、このような問いを超越する。

　　ああ、神の祝福は何と豊かで、神の知恵と知識は何と深いのでしょう。神の裁きを知り抜くことも、神の道を知り尽くすことも決してできません。「誰がエホバの考えを知るようになり、誰がその方の助言者となったでしょうか」—ロマ11：33，34　改訂新世界訳

批判に対する見方

2009/4/15　6頁15節

15サタンは被造物のうち最初に背教した者です。現代の背教者たちも、悪魔と同じような特徴を示しています。背教者の思いは、会衆内の個々の人、クリスチャンの長老たち、あるいは統治体に対する批判的な精神に毒されている、と言ってよいでしょう。背教者たちの中には、エホバと言う神の名を用いることに反対する人もいます。それらの人は、エホバについて学ぶことやエホバに仕えることに関心を抱いていません。自分たちの父サタンのように、忠誠の人を標的にしています。（ヨハ8：44）ですから、エホバの僕が背教者と一切接触しないようにするのは、当然のことです。―ヨハネ二10，11。

下線は筆者

・「背教者の思いは〜批判的な精神に毒されている」→**批判する人は（背教者と同じこと［批判］をしているので）背教者（も同然）である。**［両者が共通点をもっていることから、他の属性についても同じだと推論するアナロジー］

・「背教者たちも悪魔と同じような特徴」→**背教者を悪魔**

に擬する。〔魔女狩りの思想〕

・「背教者と一切接触しない」→ヨハネ第二10、11を誤用している。

> キリストの教えに従わない人があなたたちの所に来たら、家に迎え入れてはなりません。あいさつの言葉を掛けてもなりません。―ヨハネ第二10

・6頁15節末尾の参照聖句ヨハネ第二10は批判的な人に当てはまらない。人間の組織を批判するからといって反キリスト（ヨハネ第一2：22；ヨハネ第二10）ではなく、背教者（テモテ第一1：19；ヘブライ10：29）すなわち信仰から離れ去った人になるわけではない。

・組織の批判者を背教者と目するこの見方によって、自分の意見や考え、思ったことを自由に口にすることが憚られ、開放的で自由な空気（雰囲気）が会衆から失われる。

・批判を封じようとするのは何故か。統治体の権威が失われるのを恐れているために他ならない。異なる考えを一切認めない権威主義である。

・批判的思考力は批判的態度と同じではない。批判的思考力は物事の当否や正誤について自分の頭で考え、判断する力であり、否定的な意味で使われることの多い批判的態度とは異なる。批判＝反対ではない。批判的思考力は真実（事実）の探求に必須の条件である。

「悪い交友」コリント第一15：33

2007/5/1　15-17頁6-11節

　だまされてはなりません。悪い交友は良い習慣を台無しにします。―新世界訳

　思い違いをしてはいけません。「悪いつきあいは、善い習慣を損なう」のです。―聖書協会共同訳

　「そういう人たちにだまされてはいけません。それに耳を傾けていると、同じ状態に陥ってしまいます」

　　　　　　　―コリント第一15：33　リビングバイブル

・社交上・交際上などの必要や義理から他人と行動を共にする付き合いはどんな場合でも「悪い交友」なのか？

7〜次のような場面を考えてみてください。幾人かの仕事仲間からスポーツ競技へのチケットを差し出され、一緒に見に行こうと誘われたとしましょう。みんなはあなたと共に働くことを快く思っており、仕事以外の場での交わりを持ちたいと願っているのです。あなたとしても、同僚が悪い人たちではないとの印象を強く持っているか

もしれません。その人たちは、それなりにしっかりした生活信条を持っていることでしょう。あなたはどうされるでしょうか。その招きを受け入れることに何か危険がありますか。神の言葉はこの点で良い判断をするのにどのように助けになるでしょうか。

8聖書の原則を幾つか考えてください。まず思い浮かぶのはコリント第一15章33節にある「悪い交わりは有益な習慣を損なう」という原則でしょう。この原則に固く従うとき、信者でない人を全く避けなければならないということになるでしょうか。聖書から答えれば、そうではありません。〜

9けれども、仕事仲間に友好であることと、その人の親しい友となることとには、はっきりした違いがあります。聖書の別の原則が関係してくるのはこのような場合です。使徒パウロはクリスチャンに警告して、「不釣り合いにも不信者とくびきを共にしてはなりません」と述べました。(コリント第二6：14)『不釣り合いにくびきを共にしない』という言い回しにはどのような意味があるでしょうか。この部分を、『組になってはならない』、『同様の者として共に働こうとしてはならない』、『適切でない関係を結ぶのをやめるように』と訳している聖書もあります。どのようなときに、仕事仲間との関係は適切でないものにな

るでしょうか。いつそれは限度を超えて、釣り合わない
くびきやかかわりとなるでしょうか。この点に関して神
の言葉、聖書はあなたの歩みを導くものとなります。

　パウロがここで述べているのは「交友」が人の信仰と霊
性に及ぼす影響である。「悪い」のは人々自身ではなく、
「交友」であることに注目すべきである。従って「交友」
が善いか悪いかを判断する際に問うべきことは人の善悪で
はなく、その交際が霊性の面で自分にどんな影響を与える
かである。

　15頁7節に例示された場面［幾人かの仕事仲間からスポー
ツ競技へのチケットを差し出され、一緒に見に行こうと
誘われたとしましょう］において、ものみの塔 の論調
（7-10節）は否定的だが、例えばその競技が会衆の集会が
予定されている日と重なるような場合であれば別として一
概に悪いとは言えない。

　誘った人が不道徳など、常識的に見て悪い人でない限り、
善いか悪いかは状況次第である。

私の翻訳論

―要は正確で分かり易いこと―

翻訳の基本

　翻訳は言葉を置き換えることではない。原文の意味内容を目標言語の表現に移し換えることである。国が変われば言語も変わり、同じ物事でも見方と考え方が異なるので違った表現の仕方になる。ことわざの多くはその明白な例である。

　The early bird catches the worm.　早起きは三文の徳
　Don't count your chickens before they are hatched.

　　　　　　　　　　　　　　　　　取らぬ狸の皮算用

　このようなことわざはそれぞれの文化の中で言い伝えられてきたもので翻訳ではないが、同じ考えを別の言葉で表現している点で、翻訳のなかでも原文の一語一語にこだわらない意訳の手法をそれとなく示している。

　翻訳者に必要なことは英文和訳に関して言えば英語の読解力は無論だが、むしろそれ以上に必須なのは日本語の**文章力**である。原文の筆者が考えて書き表した事柄を日本語で表現する、ある意味での創作と言える。

　とは言え、翻訳者は原作者の立場を超えてはならず、自分の考えで勝手に付け加えたりはしない、即ち原文を正確に伝える忠実さである。また扱われている事柄に関して背景となる十分な**予備知識と**素養が無ければ、原文の正確な

理解が覚束ない。

　翻訳者としての力量がこの点でも問われる。従って翻訳を業とする人は、専門分野に特化することが多いはずである。

翻訳の進め方

　第一に原文を精読して内容を正確に把握する。第二は英語を読まない日本人の立場に自分を置いてみる。原文の言葉を全く離れて内容だけを考え、英語を知らない日本人ならば、このことをどのように表現するだろうか思案する。日本人の見方、考え方に立って文の構成を考える。

　また作者と同じ気分を想像して書くことが、文の調子に反映される。16世紀イギリスの聖書翻訳者ウィリアム・ティンダルの伝記によると、

　　（ヘブライ語を）翻訳する時にティンダルが<u>二つの原則</u>を心に置いていたのは明白である。一つは、ヘブライ語の原文を出来る限りよく理解すること、つまり利用できる補助手段はすべて用いることである。〜第二は、意味のわかる英語でもってものを書くことである。〜欽定訳の逐語主義は、特に預言者のわかりにくい箇所においては、しばしば理解しようとする思いをうちくだく。〜ティンダルは明晰に書こうとした。

　―David Daniel, *William Tyndale*：*A Biography*, 田川建三訳

『ウィリアム・ティンダル　ある聖書翻訳者の生涯』505-6頁、勁草書房　下線は筆者

　当たり前のことのようだが、要は正確であると共に分かりやすいことに尽きるのであって翻訳者の座右の銘とすべき言葉である。

　訳語の選択は翻訳の質を大きく左右する。辞書を引くと、たいていの単語には複数の語義が載っている。同じ意味でもニュアンスの異なる語が存在する。それらの中から最も適切と思われる語を選び、日本語の用法に則って文を組み立てる——これで良い翻訳ができるかと言えば、必ずしもそうではない。

　実を言えば「**最適な言葉は唯一つしかない**」（谷崎潤一郎『文章讀本』中公文庫）ので、辞書に載っているとは限らない。

　また一語だけでは原語の意味を十分に表せないので、複数の語を用いる場合もある。*The Amplified Bible*（ヘブライ語およびギリシャ語からの英訳）にその例を見る。複数の訳語候補は類語や語感の辞書にも見いだせるが、未知の語は借り着のようなもので、自分にしっくりしない。

　筆者の経験からすると、この類の辞典は思ったほど役に立たない。但し英語を母語としない人が英語を書く場合は、*Oxford Collocations Dictionary* のような辞書は有用である。

　英文の用例を集めた日本語の辞書があるが、これは買ったものの使ったことがない無用の長物と化している。

　いちばん大事なのは、ふだんから幅広い読書をして、語彙を豊かにすることである。蓄積され、記憶された言葉の中に最適な語を見いだせるかもしれない。また特に文学作品を多読するなかで自分が手本にしたいと思う文体に見習いながら自分独自の文体が次第に作り上げられてゆくであろう。純文学に見いだされる表現に共感を呼び起こされることもまれではない。例えば、

　　左右には二郎、三郎の二人の息子が**狛犬のように並ん**でいる。　　　　　　　　　　　　　　　—森鷗外『山椒大夫』

　まさに開かんとする牡丹の花のような少女

　　　　　　　　　　　　　　　　　　　　—森鷗外『魚玄機』

　詩筒の往反**織るが如く**　　　　　　　—森鷗外『魚玄機』

　辞書　辞書は知らないことを知るために使うが、すでに知っている言葉でも差し当たり使う場面でそれが適切かどうかを確かめるのにも使う。

　英英辞典：日本語を介さずに言葉の意味を直接に知る、つまり感じとることができる場合がある。英米人の使う辞書ではなく学習者向けのもの。——オックスフォード現代英英辞典その他。

　英和辞典：ライトハウス英和辞典。その他は枚挙にいとまがない。

国語辞典：訳語の意味と用法を確認する。学研現代新国語辞典。その他多数。

　専門用語辞典：翻訳の内容によって必要になる。

　用語用法辞典：表記、用語のほか、文法に則った文章であることを確かめることができる――「日本語の正しい表記と用語の事典」（講談社）その他。

　辞典の例文と用例を活用する　使われている文脈から使い場所また訳し方のヒントが得られる。英和辞典には本文に列挙された訳語を一語も使わずに和訳した例文がある。

Parts of the book are not interesting.

　　その本は所々おもしろくない箇所がある。

I have never been in that part of the city.

　　私はその町のその辺りには行ったことがありません。

　　　　　　　　　　　　　――ライトハウス英和辞典　見出し語　part

George was his usual self when I saw him last.

　　私が最後に会ったときジョージはいつもと変わりはなかった。　　　　　　　　　　　　　――同書　見出し語　self

　辞典は収録語数も編集方針もそれぞれ異なるので、2冊以上を備えて参照することで字句を練り直すことができる。

　用語と表記についての方針を初めに定めておくことは、統一性を保つために必要である。これらの作業すべてはマ

イクロソフトの Word また電子辞書の利用が効率的である。

含蓄のある文章

　含蓄すなわち味わいのある文章は訳者の教養と人格の反映であり、また言葉に対する感覚の影響がおよんで表れる結果でもある。この**感覚を磨く**（谷崎、前掲書）ことが文章上達の王道である。この感覚は人によって異なるので一概には言えない。

　例えば ものみの塔 誌に見られる「イエスが亡くなる前の晩」は「イエスの死の前の晩」とすべきと思うが如何？

　イエスの死はアダムの罪に由来する自然死でなく、犠牲の死だからである。"to die" の婉曲表現 "to pass away" は、イエスの死について、筆者の知るかぎりものみの塔協会の英文出版物には用いられていない。

　昔の話になるが、ある日ものみの塔の翻訳の質が劣るのを憂いて独自の翻訳を始めたグループの存在が日本支部の翻訳者たちに聞こえてきた。しかし意に介さず、問題にしなかった。なぜかと言うと、我々の翻訳にはものみの塔協会のお墨付きがある、少しくらい良くなくてもエホバの証人の読者の間で立派に通用すると自負していたからである。

　批判されることのない権威主義の組織、競争原理の働かない世界にいるため、改善の必要を自覚し、そのために努力して励む良心的な人でないかぎり、中々そうしようとは

しない。動機が乏しいのである。もちろん良心に根ざす努力を惜しまない人もいるが、一般的な雰囲気は斯_かくの如くであった。

誤訳を検証する

1）原文の語句の省略

10Another way to let your light shine is by promoting unity in your family and in your congregation. One way parents can do so is by arranging for a regular Family Worship program. Many include watching JW Broadcasting sometime during the month. After viewing the program, why not take time to discuss how to apply the points that were featured? <u>When presiding over family worship</u>, the parents should remember that the guidance a young child needs may well differ from that of a teenager. <u>Make suitable application of the study material</u> so that <u>each member of the family benefits</u>.

—Ps. 148：12, 13. 2018/6 p. 23 par. 10

　　10光を輝かせる別の方法は、家族や会衆の一致を強めることです。そのために、親は家族の崇拝を定期的に行なう必要があります。多くの家庭では毎月、JW

Broadcasting を見ています。プログラムを見た後、学んだことをどのように適用できるかを話し合いましょう。幼い子どもが必要とする事柄と十代の子どもが必要とする事柄は違います。<u>学んだことを子どもたち全員が適用</u>できるように助けましょう。（詩148：12,13）

—2018/6　23頁10節

　一読すると ものみの塔 の訳は原文の大意を伝えているように思えるが、注意深く読むと分かるように、原文とは異なった意味内容に変わっている。

　1.　原文：<u>家族崇拝を司会する際に</u>**両親**が研究資料を子どもの年齢に合わせて**適用**する。

　ものみの塔：原文の下線部を省く。
「学んだことを**子どもたち全員が適用**できるように」する。

　適用する人が両親→子ども、適用するものが家族研究の資料→子どもが学んだことに変わっている。何故こうなったかと言えば、"When presiding over family worship" を省いたからである。

　2.　**益を受けるのは誰か？**→原文では**家族の各成員**。

　ものみの塔："each member of the family benefits" を省いている。

・原文は二つの事柄① JW Broadcasting を見ること、②

— 71 —

聖書の家族研究を司会することを別々に扱っているが、日本語訳は二つを繋げる紹介の文 "When presiding over family worship," を省いているために話題が①から②へ転じることがなく、二つを一つに混交する結果を招いた。

　そして "each member of the family benefits" を省いて、「子どもたち全員が適用」に言い換えている。更に言えば、「家族の各成員」は全員よりも各人を強調した語法（"each" と "all" の相違）であり、それには子ども以外の者も含まれる。

2) 原文にはない語句の書き加え

the judgment started for those who claimed to be genuine Christians〜. "First" Babylon the Great fell, and "then" the sons of the Kingdom were gathered together at the start of the harvest.

—2010/3/15 p. 22 par.11

　〜真のクリスチャンであると唱える人々に対する裁きが始まりました。それと同時に収穫が始まると、「まず」大いなるバビロンが倒れ、「それから」王国の子たちが集められました。　　　　　—2010/3/15　21頁11節

下線部は原文にはない。

・英文の構造を正しく理解していないため、原文にはない語句「それと同時に」を書き加えたことで、出来事の順序が前後する撞着した論理になっている。

①「収穫」の始まりは「裁き」の始まりと同時ではない。「収穫」は「王国の子たちが集められる」ことを指しており、「大いなるバビロンが倒れ」た後に始まった。

②"at the start of the harvest" は直ぐ前の "the sons of the Kingdom were gathered together" に係る句である。訳文はこれを文頭に移しているため、「収穫の始まり」→「バビロンの倒壊」の順で原文とは逆の順になっている。

3) 不正確な理解に基づく書き換え

The convincing evidence of unseen realities is so strong that faith is said to be equivalent to that evidence.

—2007/7/15 p. 24 part of par. 19

目に見えない実体についての納得させる証拠は非常に強固なものであるため、信仰はその証拠に基づくものであると言われています。　　　　—2007/7/15 24頁19節抜粋

・「信仰は証拠に等しい、同等である」→「信仰は証拠に基づいている」

これは新世界訳ヘブライ11：1の難解な語句「見えない実体の明白な論証」を「証拠」という語に置き換え得ることを示した解説である。日本語訳からこの推論は不可能。

4）非論理的で意味をなさない日本語

Pay constant attention to yourself and to your teaching. Stay by those things, for by doing this you will save both yourself and <u>those who listen to you</u>.

—1 Timothy 4：16 NW

　　自分自身と自分の教えとに絶えず注意を払いなさい。これらのことをずっと続けなさい。そうすることによって、あなたは、<u>自分と自分の「ことば」を聴く人たち</u>を救うことになるのです。　　—テモテ第一4：16　初版新世界訳

　パウロがテモテに語ったこの文脈において、テモテが他の人々に語るのは「**自分のことば**」ではなくて「**あなたのことば**」である。2019年の改訂版で「**あなたの言葉**」に訂正されるまでの46年間（1973-2019）、意味不明なこの日本語訳は出版物の中で、講演で、また宣教のあらゆる場面において、大方怪しまれずに使われていたのである。

5）論点の取り違え―ものみの塔　2016年11月 21-30頁

「大いなるバビロンへの捕らわれはなかった」ことを論証
し、その一方で「捕らわれの理由」を記事の中心の事柄と
して論じている矛盾は、訳者が記事の論点を取り違えてい
るためである。

［詳細は本書「ものみの塔 誌を深読みする」（8-15頁）の
記事「論点の取り違え」］

　いずれの場合も問われるのは翻訳者の資質であり、語学
力の不足、論理的な思考力の欠如［誤訳の検証 4、5］、そ
の結果として原文の**不正確な理解**に問題がある。

　更に問題なのは原文の意味内容を正確に伝える**忠実さの
欠如**であり、原文の一部を省いた［誤訳の検証 1］、原文
にない字句を加えた［誤訳の検証 2］、論旨を正確に把握
せずに自分の理解を書いた［誤訳の検証 3］ことである。

　以上、小生の取るに足りない経験を基に思いつくままを
書いたけれども、この小文がものみの塔出版物の翻訳の質
を改善するのに少しでも役立つならば望外の喜びとなるで
あろう。

あるエホバの証人の回想

意識革命への道
―独善と権威主義から自分の頭で考える自由へ―

前書き

　ここに書き記したのはエホバの証人から見たエホバの証人である。部外者の観察や批評ではない。また内部告発でもない。1951年以来、証人の組織の中に居て半世紀有余を閲した今の自分の心境と今までの見聞をつづったものである。しかし老いの繰り言と一笑に付されるかも知れない私見であるから、述べられた事柄の是非や当否が読者諸賢の判断に委ねられるのは 言うまでもない。

　信仰の基礎である知識は真理すなわち事実でなければならないが、この知識はレベル（量と質）の点において誰でも同じ訳ではない。それを左右する要素の一つは、知識を習得する過程においてその人が抱いている物の見方、考え方であり、とりわけ大切なのが半面の真理や不正確な情報、論理の矛盾を見抜く批判的思考力である。勿論、一定の知識を 得た後に献身とバプテスマの段階に達した上は、信仰の純粋さに違いのあるはずはないが、その後の生涯にわたって信抑を支えるのは正確な知識である。

　「自分自身と教えとに気を配りなさい。以上のことをしっかりと守りなさい。そうすれば、あなたは自分自身と、あなたの言葉を聞く人々とを救うことになります」

　　　　　　　テモテへの手紙一／4章16節 新共同訳

この小文が一助になれば望外の幸いである。

2013年7月

批判的思考力

　批判は「善し悪しなどについて論理的・科学的に検討して判定すること」と定義されるが、度を超えた批判は非難に通じるので否定的な意味に使われることが多い。「批判的態度」は好ましくないが、批判＝反対ではない。

　批判的な見方と考え方すなわち「批判的思考力」はきわめて肝要なものである。なぜなら、それは「自分の頭で考える」ことと同じで、疑問を感じ、議論（でなければ思索）をし、異なる見方と考え方を理解することの始まりだからである。

　批判を嫌う人、批判を許さない組織は、（客観性がなく、自分ひとりが正しいと思っている）独善的な体質を持つ。しかし異なる考えや反対意見もあることを知って、それにも耳を貸すのは自分が間違わないための最善の方法なのである。

　　（事実を）聞かないうちに返事をするなら、それはその人の愚かさであり、恥辱である。―箴言18：13，ヨハネ7：51（括弧内は *Amplified Bible,* earlier edition）

「この聖句について私はこう考えたのですが、あなたはどう理解していますか」

このように問いかけた時、ものみの塔の解釈を第一義に考える長老は、「それはものみの塔の出版物に書いてある解釈ですか」と反問した。

ある姉妹は「そういうことは私には分からない。難しいことは本部の人が考えてくれる」と答えた。「任せておけば大丈夫。自分は何も考えなくていい」という姿勢が見て取れる。

出版物を読んで「おかしい」と思う箇所があっても、間違っているはずはないという先入観があるので、感じた疑問を頭の隅に押しやって答えを探求しないで済ます。

批判的思考力を働かせて出版物の研究記事を読み解くなら（行間に隠れた）筆者の意図を読み取り、本当の意味で自分のものにできる（即ち納得する）。資料の述べるところに納得できなければ、自分なりの考えや意見を持つこともできる。

とはいえ自分の見方が偏っている、あるいは考えが間違っている可能性を常に自覚することも必要である。批判的まなざしを自分にも向けることだ。

初めから疑いの目を向けたり、あら探しをしたりするのは謙虚に学ぶ姿勢とは言えない。そのような態度を慎むべきなのは言うまでもない。

批判的思考力を働かせて読むのは単なる読解つまり設問の答えを探すだけのこととは全く異なり、行間を読む（文

章の表面には表れていない筆者の真意をくみとる）こと、また（もしあれば）疑問点や問題点に気付くことができる。

　批判的思考力のある人は他の人が考えたことを鵜呑みにせず、客観的に物事を見る。疑問を持ち、そのことから問題意識が生じる。ここから議論（でなければ思索）が始まり、言葉の裏の事実を見極め、何が正しいか比較して判断する。

自分の頭で考えなかった悲劇

　最高裁で死刑が確定したオウム真理教元幹部・土谷正実被告は朝日新聞などに寄せた手紙でこう述べている。

「『無心の帰依』とばかり自分自身の思考・判断をかなぐり捨て、上層部の指示・決定のままに従い、結果として一連の凶悪犯罪に加担してしまった。」

　自分自身の頭で考え、判断し決定を下すのをやめることが悲惨な事態をもたらすことを、これは教えている。

　カルトに分類される宗教の集団自殺事件は数多くある。南米ガイアナで914人が死んだ1978年の人民寺院事件、米国で39人が死んだ1997年の Heaven's Gate 事件なども由って来たるところはこれと軌を一にするのではあるまいか。

権威主義

　権威を絶対視すると、考える範囲が狭くなるため、「大海を知らず」にいる「井の中の蛙」と同じことになる。自分の認める権威だけがすべてなので、その権威の及ぶ範囲の外にある他のことは考える必要がない。

　『聖書に対する洞察』（以下『洞察』）の書物や統治体の権威についても同様である。絶対視する人は組織の外に目を向けない。

　しかし、ものみの塔の枠を越えるならば、今まで見えなかった色々なものが見えてくる。例えば『洞察』の「年代」の項の記述は他の一般の事典や参考文献のそれとは著しく異なっている。

　英語聖書には何十種類もの訳が存在する（例えば *The Bible from 26 Translations*, Baker Book House, 1988）。聖書の読み方、理解の仕方、預言の適用の仕方は一通りではなく、異なる意見や説が存在する。

　非ものみの塔すなわち「非聖書的」ではない。考える範囲を限って異なる考え方に無頓着なのは、目の見えない人が象に手を触れて、それぞれの人が象の形について異なる結論を下したのと同じで、物事の全体像（そのことに関する事実）を見ることができない。多くの問題は正しい答えが一つだけとは限らず、そこに至る道筋も複数ある。

こう言うと「協会の出版物を読むだけでも大変なのに、膨大な他の資料を渉猟することは不可能だ」と言われるかも知れないが、問題は知識の量ではなく読み方であり、一方に偏らないこと（論語の説く中庸）、何を読むにしても絶対に正しいという先入観を持たないことである。

この先入観があると、色眼鏡を掛けた時すべてが同じ色に見えるため、実際にはそれと異なる色を見ても見分けがつかないのと同じで、非論理的なこと、おかしいことも、それがおかしいことに気付かない。新世界訳テモテ第一4章16節はその一例である。

　　自分自身と自分の教えに絶えず注意を払いなさい。これらのことをずっと続けなさい。そうすることによって、あなたは、自分と自分［のことば］を聴く人たちを救うことになるのです。

この聖句を引用する講演者、出版物の中で読む人、あるいは宣教の場面で使う奉仕者のいずれも、この聖句の日本語がおかしいとは感じていないのが実状と思う。ベテル奉仕歴30年の男性は、いくら説明しても納得しなかった。

パウロがテモテに語ったこの文脈で、他の人々にテモテが語るのは「あなたのことば」であり、「自分のことば」ではない。それで当然のことながら、このように書かれた日本語の聖書は他に存在しない。——2019年改訂版で「あな

たの言葉」に訂正された。

　権威主義に捕らわれているために明白な事実が目の前を通り過ぎてしまうのは、組織の上層部（日本支部）においても同様である。

　ものみの塔 研究記事の誤訳を指摘した手紙に対する返信の中で『洞察』の記述を根拠に、指摘の訳語を誤訳とは認めていない。しかし、ものみの塔 と異なる「洞察」の記述はそれよりも最近のものみの塔 によって訂正されたと見るべきである。

　間違いない、絶対に正しいという先入観があると、それにそぐわない考えが無意識に排除されてしまう。ヘブライ6：13-18に関する『洞察』第2巻191頁の記述を根拠に The Watchtower（2012/10/15 P.24, par.7）の "reassure" を「保証を与えるため」と訳すことが出来ると言うのは、『洞察』の権威を絶対視しているために、この訳語が原語の意味を正しく伝えていないという単純明快な事実が無意識の目の前を通り過ぎてしまったのである。

　"reassure" の意味は「安心させる」である。「保証を与えるため」は誤訳で「安心させるため」が正しい。The Watchtower のこの記述はヘブライ6：13-18に関する『洞察』191頁の説明と一致しない。聖句そのものが述べている事柄および「神の約束には保証を加える必要がない」と言うロジック（論理）から考えると、The Watchtower の方が理にかなうと思われる。

―詳細は本書「ものみの塔 誌を深読みする」（40頁）〈神の
　誓いは約束を保証するため？〉

　　また研究用のものみの塔（2016/11　21-30頁）の誤訳の
指摘［論点の取り違え］に対する返信の中で、問題の文に
相当する（*The Watchtower* とは文意が異なる）簡易版の
英文を根拠にして、研究用の記事に誤りは無いとしている
が、簡易版の訳者自身がすでに原文の論点を取り違えてい
るのである。
　　―詳細は本書「ものみの塔 誌を深読みする」（8頁）〈論点の取り
　違え〉

　　ものみの塔協会はその出版物が霊感を受けた書物でない
以上、（ローマ法王の無謬性のような）絶対的な権威を持
つものではないことを認めている。個人の良心に委ねられ
ている事柄もある。例えば「血液の小分画の輸血」（もの
みの塔 2004/6/15　29-31頁）。これには聖書的理由の他に
も医療事故訴訟に対する組織防衛の意味もあると思われる。
　　しかし聖書を根拠とする正当性を組織に付与することに
よって、組織の持つ権威はほぼ絶対化される。その正当性
とはエホバの証人の組織を神に選ばれ、用いられている唯
一の組織、神の代弁者、伝達の経路とすることである。

権威としての統治体の自負心

「まず、聖書の少なくとも3つの基本的な教えが真理であると確信できるようにしましょう。第一に、エホバが全てのものの創造者であるという点です。（出3：14，5。ヘブ3：4。啓4：11）第二に、聖書には人間に対するエホバからのメッセージが記されているという点です。（テモ二3：16，17）第三に、エホバはキリストの指導に従う人たちのグループを持っていて、それがエホバの証人であるという点です。（イザ43：10-12。ヨハ14：6。使徒15：14）～」—2020/7　研究28　9節抜粋　下線は筆者

「信仰を弱めようとするサタンの攻撃に抵抗するため、イエスを一層信頼し、エホバがイエスに与えている役割をしっかり認める必要があります。エホバが今用いている唯一の組織を信頼する必要もあります。（マタ24：45-46）～」—2020/7　研究30　12節抜粋　下線は筆者

　上に引用したものみの塔 の記事［統治体の見解］から言えるのは、組織の権威が神、イエス・キリストおよび聖書の権威と殆ど同列に論じられていることである。僭越であり、我田引水ではないだろうか？
　統治体の権威はどれほど絶対的なのだろうか。　Samuel

Herd（統治体の成員；当時は統治体の会議にオブザーバーとして出席を許されていた）は「目の前のノートの赤い表紙も、統治体が青と言えばそれは青なのだ」と（人から聞いた譬えを借りて）語った。

　エホバの証人の組織は「エホバが今用いている唯一の組織」というのは、組織の内で殆ど無意識に信じられている「常識」であり、この不問の前提の上に立って組織への忠誠が鼓舞される。
　例えば「神の霊による導き」地域大会（2008年）の基調講演（講演者はベテル奉仕者）の中で「組織の指示に従うように」との言葉が繰り返し述べられ、それが神の霊に導かれるために為すべきことであると強調された。
　しかし「天の父は（イエスの名によって）ご自分に求めている者に聖霊を与えてくださる」と述べている聖句が引用されなかったのは真に意外であった。―ルカ11：13；ヨハネ15：16。
　エホバの証人の組織を神の組織とする根拠の一つは、エホバの証人の現代歴史の出来事が聖書預言の成就であるとする考えである。（マタイ24：45-47，24：14；啓示11：7-11）
　この点についての論考は稿を改めて述べたいと思う。

心臓からお祈りします

　小学生でも恐らく使わない荒唐無稽なこの言葉は、
「〈心〉と〈心臓〉」と題する「王国宣教」（1971/6　3-4頁）
の記事によって訂正されるまでの一時期、エホバの証人の
組織の内では、社会一般の語法で「心」を用いる場合に
「心」の代わりに「心臓」という言葉を使うことが行われ
ていた。
　一例として以下に記すのは「あなたのみことばは真理で
す」〈あなたの心臓を守りなさい〉と題する記事（1970年
10月8日号「目ざめよ！」28-29頁）からの抜粋である。

　　神のことばは、聖書が真理であることを実証するもの
　の一つに、戒めとなる原則があります。たとえば箴言4章
　23節（新）はこう述べています。「守るべき他の全てのも
　の以上に、あなたの心臓を守りなさい。命の源がそこに
　発しているからである」。心臓は、人間の最奥の感情・動
　機・欲望・願望などと結びついています。それらが正し
　い方向に導かれないと、容易に悲しみと破滅を当人にも
　たらし、同時に、悲しみと不幸を他の人にもたらすこと
　があります。
　　イエス・キリストは地上におられた時、心臓を守るこ
　とのたいせつさを人々に銘記させました。心臓の清浄さ

より、儀式上の清さを重視していた、当時の宗教指導者に向かって、イエスはこう言われました。「それ内より、人の［心臓］より、悪しき念いづ、すなわち淫行・盗・殺人・姦淫・慳貪・邪曲・詭計・好色」――マルコ7：21, 22［新］

　心臓を守らないと、そうした結果が生じます。〜自分の心臓を利己的で卑しい欲望に支配させるままにしたアムノンは若くして横死しました。〜

　アムノンは、自分の異母姉妹で処女である美しいタマルに恋して、夢中になり、欲情に心臓を奪われるままにしたため、〜

〜自分の異母姉妹で処女である、美しい王女を強姦したのです。〜

　〜アムノンは、自分の心臓を守らず、利己的な欲情に屈して、異母姉妹である処女タマルを犯した代償として、自分の命を失いました。

　アムノンの末路は、心臓を守ることのたいせつさに関する、聖書の原則の真実さを明らかに確証しています。〜

このことには、今日のクリスチャンに対するどんな教訓が含まれていますか。それは、自分の心臓を守るのが、きわめて肝要である、という教訓です。自分の心臓を守らない若者は、性の利己的な欲情で自分の心臓と思いをもてあそび、〜淫行を犯すようになるおそれがあります。〜

〜心臓を守るのは、知恵の道です。命の源がそこに発しているからです。心臓を守らない人は、ダビデ王の時代と同様、今日でも、悲しみと破滅を身に招きます。〜

　以下に記すのは ものみの塔 1970年12月1日号（727-732頁）からの抜粋である。

13パウロは〜ヘブル書3章7節以後で〜詩編95編7, 8節にしるされている次の聖句を2度引用しています。「今日なんじら神の声を聞かば「心臓」をかたくなにするなかれ。〜心せよ、恐らくは汝らのうち活ける神を離れんとする不信仰の悪しき「心臓」を懐くあらん」〜パウロは次のような印象的な発言をしています。「神の言は〜「心臓」と念と志望を験すなり」。─ヘブル4：11,12, ［新］。

16時の緊急性を強調した後、イエスは続けてこう言われました。「然し、食べすぎ、飲みすぎ、生活の心配ごとなどのために、あなた方の心臓がにぶるようになり〜」─ルカ1：34-36, ［新］。

18言い換えれば、あなたの心臓に注意を払ってください。〜あなたの動機・愛情・願望を決定（するのは）〜あなたの頭ではなくて、むしろ、心臓という器官であることがおわかりですか。

19 ～これ（愛）はまちがいなく心臓の問題です。～ペテロは～「互いに心臓から熱烈に愛し合いなさい」と述べました。（ペテロ前1：22，新）～

21それは不可能なことではありません。心臓を込めて行うなら、あまりむずかしいことでは ありません。～

大会に出席して「心臓からお祈りします」という祈りを聞いた研究生は、なぜ「心」ではなくて「心臓」なのかを研究司会者に尋ねた。その研究司会者は答える術を知らなかった。彼自身はその語法が馬鹿げているのを認識していたし、自分では決して使わなかったからである。

しかし組織に極めて忠実な会衆の主宰監督は「組織の方針であるから『心』と言わずに『心臓』と言わなければならない」と述べて会衆に訓示を垂れた。

この監督の頭の中では、組織の出版物に使われており、指導者が用いている以上、「心臓」を使うべきで、それが世間に通用するかどうかは問題ではないのである。

おそらくこの考えは正しい日本語かどうかを判別できない当時の支部の監督（New Zealand 出身）の思い付きから出たもので、周囲にいた日本人の翻訳者たちの誰も、それが正しい日本語ではないことを直言せずに沈黙を守って

いたものと思われる。

　支部の監督に忖度し、保身に汲々としていたのでなければ、「おぞましき沈黙」（ＮＨＫテレビ「海軍反省会」での発言）を守った理由が何なのか理解に苦しむ。

　ともあれ権威を絶対視する組織の内では、常軌を逸した事柄がまかり通るばかりか、組織の陣笠連はその非常識に思い至ることがない。

　ところで上に挙げた「目ざめよ！」誌の記事を翻訳するにあたり、英語では "heart" 一語に「心」と「心臓」の二通りの意味があるから、文脈に応じて両者を使い分けることに何の不都合もない。そのことはいま改めて訳してみれば明瞭である。

　では今なら「心」とするはずの文脈で敢えて "heart" を「心臓」と訳したのは何故か。

　上に挙げた「王国宣教」によると、「一般に、又日本語の聖書の中で用いられている "心" ということばは、たいへん広い意味を持っており、その意味は胸郭内部の臓器としての心臓とその働きに限られていません。この理由で、わたしたちの翻訳者たちは "心" ということばを避け、もっぱら "心臓" ということばだけを用いるよう努めてきました。と同時に、わたしたちすべても文字通りの心臓に注意を集中することにより有益な理解を得てきました」とある。

「"心"ということばがたいへん広い意味を持っている」からといって、英文を和訳する際、"heart"が"心"の意味で用いられている文脈で"心"を"心臓"に置き換えることはできない。両者は二つの異なる意味を表すことばだからである。

「王国宣教」からの引用を続ける。

　　　ものみの塔 誌（1971年6月15号）のその記事はこう述べています。「聖書の中で"心"ということばは、わずかな例外を除けば、……人間の心臓の働きに限って用いられています」。多くの聖句において"心臓"ということばが不自然に響き、"心"のほうが適切な理由がこれでわかります。なぜなら、"心臓"ということばでは、心臓という臓器の働きを十分に言い表すことができないからです。この点と一致して、わたしたちの翻訳者たちはこれから"心"ということばを用いますが、その用法は文字通りの"心臓"の感情面の働きに限るものとします。協会の出版物に"心"ということばが出てくる場合、それは常に心臓の機能をさします。

"心"が「心臓という臓器の働き」だとしても、このことと"heart"の訳語の選択とは別の問題である。特定の文脈で"heart"が表す意味に応じて、それを正しく伝える訳語を選べばよい。それだけのことである。

「王国宣教」に書かれているのは、体裁を繕うために後か
らつけた理屈である。

ことばが権威となる

釈迦は弟子の問いに答えて、自分の死後に拠り所とすべ
きなのは、「一つにはお前たち自身。そしてもう一つは私
の教えである」と言ったそうである。
「教え」だけで良さそうなものだが、そうすると弟子たち
は教えを基に自分の頭で考えて行動すべきであるのに、そ
のことをせずに教えを金科玉条として崇拝し、ことばが権
威を帯びてくる。釈迦の遺言はそれを戒めた。[佐々木 閑
花園大教授（朝日新聞より）]

組織の指導者のことば、又その出版物の文言が権威とし
て絶対視されるようになると、以下の例が示すようにこと
ばが権威化して組織の成員は自分の頭で考えて判断するこ
とを止めてしまう。

巡回監督の提案：阪神大震災の被災地の王国会館を対象
に協会が建築資金を援助する取り決めを利用することによ
り、将来の増加を見越した王国会館の建て替えが巡回監督
から提案された。

しかし①建物は被災を免れて無傷である。現時点では会

衆の必要を充分に満たしているので新規の建物は必要ない。②建物を撤去すれば建築資金の提供者（個人）の好意を無にするだけでなく、提供者にしてみれば1,100万円を捨てたのも同然である（建物は築約6年）。このことを考えれば（世事に疎い？）巡回監督の提案が常識はずれなのは誰の目にも明らかである。

　それにもかかわらず長老団は一も二もなく提案を受け入れ、会衆の賛成を取り付けた。なぜか？　会衆に対して組織を代表する巡回監督のことばは、長老団には正に「天の声」に聞こえたのである。

　審理問題を扱った長老：［この審理では悔い改めが示されたので排斥に至らなかったが、愛を感じる助言は与えられることがなく、プログラムの割り当て、注解など、集会への参加を差し止める制限が課された。］

　長老はこう述懐した：「（長老を対象に書かれたものみの塔協会の出版物に）定められた通りに行ったので（長老の側に）問題［手落ち］はない。」

　過ちを犯した兄弟の立ち直りを如何に助けるかよりも、審理の手続き（制限を課すのもその一つ）をいわば機械的に進めることに注意が向いているようだ。

　会衆の区域の境界線が新たに引かれたために自分の家が会衆の区域の外になってしまった姉妹：新たに属すること

になった会衆の集会の場所は遠いだけでなく、渋滞する町中を通るので、車の運転に不慣れな姉妹は集会に行くことが困難だった。ではどうしたら良いか？

たとえ越境することになっても、近くて便利な会衆の集会に今までどおり行くほうが、集会に行かないでいるよりも数等まさるのに、長老たちがその解決策を思いつかなかったのは何故か。

自分の属する会衆の集会に出席する（取り決めを守る）のが当然過ぎるほど当然だという固定観念が健全な判断の妨げとなったのだ。

決められた聖書の部分を要約して注解を加えるという大会の割り当てを準備した研究生：用意した原稿には文脈を考慮したため、指定された部分よりも前の部分も含まれていた。事前に目を通した宣教学校の司会者（地域監督）は、宣教学校の指示には「割り当て部分の注解」と書かれているので、はみ出している僅かな部分を削除するようにと告げた。

文脈を考慮したのは、大会の聴衆の中には続き具合を知らない人もいるためだが、監督は聴衆の理解よりも「指示」の字句にこだわっているのである。

宣教学校の助言の与え方：大会と会衆の集会で学校の監督は研究生の話の助言をする際に、宣教学校の教科書の〜

頁〜行目にこう書いてあると言って、その部分を読む。（聴衆が教科書を開いて見ることができるためでもあるが）これは鋳型に入れるように型に嵌まるから良い話であるというふうに聞こえる。

　しかし与えられた型通りだから良いのではなく、教科書のその部分に書いてある理由で良いのである。イエスが聖書に「〜と書いてある」と言われたのは、神の霊感による聖書が権威として絶対のものだからで、宣教学校の教科書を同列に論じることはできない。

　ここに挙げたのは問題の本質に迫るための事例に過ぎないが、その根底にあるのは、律法の精神よりも字句の意味の解釈を重んじて細かい規則（タルムード）を作り上げたパリサイ人の考え方と同じではないだろうか。―マタイ23：16-24

今時の教育は何をめざしているか？

　1947年に初めての学習指導要領ができて1950-60年代のすし詰め教室での一斉授業から、その後、教育内容の増加による「落ちこぼれ」問題、反転して「ゆとりと充実」のために授業時数の削減、今度は「ゆとり」批判を受けて2008-09年の「学力重視」と授業時間増に至るまで、学習

指導要領は変遷を繰り返してきた。

　教え方も教師が教科書の内容（教師用に教科書会社が出している指導書は教科書の何倍も頁数が多い）を全員に一斉に教える一方通行の授業から、教師の問いかけに子どもたちが一人ひとり考え、さらにグループで話し合い、その結果をクラス皆で検討する、簡単に言えば「教え込み」から子ども同士の「対話」へと変わりつつある。

　唯一の正解を求めるのではなく、子供たちはいろいろな考えや意見、違った答えがあることを学ぶ。対立する主張を理解し、議論する。必要なデータを集めて自分の考えをまとめ、伝える。つまり自ら学び考える力をはぐくむことを目指している。

　先生の言うことや教科書は常に正しいという教育から「自分で課題を見つけ出し、自ら考え、主体的に行動する」（1998年の学習指導要領）方向へ進ませる教育へと変わってきた。自分の頭で考えることの重要さを述べた、以下に挙げるような識者のことばは枚挙にいとまがない。

　　「21世紀、先進国で、最も大事なのは自分の頭で考える力です。」（ジャーナリスト　池上彰氏　朝日新聞より）

　　「国を未来に導くのは、自ら学び考える力を育む教育で育った子供たちだ。」（国際的な学力調査を統括する　OECD事務総長特別顧問アンドレア・シュライヒャー　朝日新聞

　オックスフォード大学の場合、1学期に20冊以上の文献を読ませ、自分の考えを書かせ、教師との個別指導の場で議論する。少ない科目でみっちり学び、批判的思考力をつけさせる授業を行います。

　「こうした学習を毎週繰り返す。それを通じて、分析力や批判的思考力、まさに『自分で考える力』が育つと考えられているのである。」

（オックスフォード大学教授　苅谷剛彦、朝日新聞2012/3/22：『イギリスの大学・ニッポンの大学』18頁、中公新書ラクレ）

　幾何の試験問題で先生のとは別の解き方だったために、正しい答えを零点にした採点の仕方ゆえに、「先生に教えられた通りに答えなければならない学問。そんなものに一生を託すのはいやだ」と心に決めた人がいた。日本人で初めてノーベル賞を受賞した湯川秀樹博士である。

（湯川秀樹『旅人―湯川秀樹自伝―』156頁 角川文庫）

エホバの証人の聖書教育

　基本的には資料を読んで設問に答える方法（答えとなる部分に下線を引くことが普通行われている）が主流になっ

ている。（案内書33頁；宣教学校の教科書27頁）

　しかしこの方法はともすれば設問の<u>答え探し</u>に終わる傾向がある。正しい答えのあることが想定されていて、それを見つける学び方である。

「おい、ものみの塔 に線を引いたか？（答えを捜したか？）」：ベテル奉仕者が仲間の奉仕者に問い掛けた言葉はものみの塔 研究の予習が答え探しであることを暗に示している。

「質問と答え」は集会では便利な方法だが、個人研究の時は欄外の質問を読まずに本文を通して読むと、思考の流れが中断しないので論理の展開を把握しやすく、質問を飛ばして読みながらでも要点（つまり答えとなる部分）に下線を引くことができる。

　もちろん<u>質問そして答え</u>の方法にも、それなりの利点があるから止めたほうが良いということではない。

・『聖書は実際に何を教えていますか』110頁の譬えは、その趣旨は別として、正しい答えは一つだけで先生の教える解き方が正しいという考えが根底にある。これを優れた譬えであると語った長老がいたが、今の教育の実際とはかけ離れた不適切な譬えである。

討論する集会

　出版物を読んで疑問に思う点に遭遇したり、「おかしい」と感じたりするのは間々あることだ。それを口にすると「どう思われるか」周りの反応が気になる。「批判的」な人と思われなくない。

　この雰囲気は「異論をとなえる者に『非国民』とレッテルを貼る風潮が、自由にものを語り合う空気を社会から奪った」（朝日新聞社説2011/12/7）戦時下の日本を思わせる。「物言えば唇寒し」の空気は変革する必要があるのではないか。疑うのは悪いことではない。

　江戸中期の思想家三浦梅園は「疑い怪しむべきは変にあらずして常の事なり」と言った。［磯田道史 茨城大学准教授（朝日新聞より）］「なぜだろう？」と怪しむことから人は考え始める。

　当たり前と思っていることは、その理由（わけ）を考える必要がない。疑問を抱くことは自分の頭で考え、学ぶことの出発点である。

「ギレアデ（聖書学校）では（おかしいと思ったことを）質問できますか」と尋ねられたことがある。会衆内には常日頃そうしたいと思っても、質問の時間や機会が設けられているわけではなく、また自由にものを言える雰囲気がないことから出た質問と思われる。

　ものみの塔 の研究記事（その他）について感想や意見また疑義を（一問一答ではなく）討論する場を（私的に）設けるならば有益に違いない。これは ものみの塔 研究の予習ではない。予習は討論の前提である。江戸時代に武家の子弟のあいだで行われた会読の先例がある。

　　「会読は、複数の人が定期的に集まって、一つのテキストを討論しながら共同で読み合う読書・学習方法」で「自ら考えること、自分の考えを言葉に出すこと、分からないことを尋ね、お互いに議論することができる。」
　（前田勉『江戸の読書会　会読の思想史』54、126頁　平凡社選書2012年）

「いいことだというのが一つあって、 それにみんなが賛同すべきだという考え方」

　日本の若い人に言いたいことが二つあります。一つは日本の教育、若い人に対する社会全体の態度は、これがいいと決めて、それを若い人に教えたり、命令したり、強制したりします。〜これがいいことだというのが一つあって、それにみんなが賛同すべきだという考え方をやめるよう努力することが、集団としても個人としても大

切だと思います。（加藤周一『加藤周一戦後を語る』411頁
かもがわ出版2009年）

　大会ホールの建設が発案された時期、建設に関して諸会
衆の成員にアンケート調査をする問題が地域大会における
長老の集まりで話し合われた。その席で一人の長老から
「ホールの必要を認識させるため、皆を先ず教育すれば良
い」との意見が出された。
　皆が同じ考えを持つように「教化」すればよいというの
は、この場合まっとうな考えではない。

　日本では高校を卒業すると開拓奉仕に入るのが「当たり
前」（レイモンド・フランズによれば統治体の会議でロイ
ド・バリーはこれを "the thing to do" と表現した）とされ
る風潮がある。
　米国在住で現地の高校を終えた男性信者が一時帰国して
会衆の集会に出席した時の話である。「開拓者ですか」と
問われ、「いいえ」と答えたのに対して「ではあなたは一
体何をしているの？」と、けげんな顔をされたという。
　高校卒業後、（開拓奉仕を不可能にする事情が無い限り）、
開拓奉仕に入るのが行うべきことであるという考えが一般
化していた。しかし開拓奉仕と全時間の世俗の職のいずれ
が正しいかは一義的には決められない。
　以下に記すのは ものみの塔 2009年11月15日号15頁8節

の引用である。

> 会衆内でどんな持ち場を与えられるかに影響する要素が、ほかにもあります。若い実の姉妹二人を例にして考えると、それがよく分かります。二人とも、高校を卒業しており、同じ状況にあります。両親は、娘のどちらにも卒業後は正規開拓奉仕を行うよう勧め、励まそうと最善を尽くしました。卒業後、一人は開拓奉仕を始めましたが、一人は全時間の世俗の仕事に就きました。進む方向がそのように違ったのはなぜでしょうか。それは、願望が異なっていたからです。要するに、それぞれ自分のしたかったことをしたのです。わたしたちも大抵、そうではないでしょうか。自分が神への奉仕において何をしたいと思っているか、真剣に考える必要があります。奉仕に携わる時間を増やせるでしょうか。自分の状況を調整しても、そうするでしょうか。―コリ二9：7

　開拓奉仕を勧めるのは親だけではない。親の介護のために帰国を考えた、海外で奉仕中のエホバの証人の場合、地元の会衆は、親御さんの世話を買って出ることで、本人は海外に留まるように勧めた。このことはものみの塔誌上で美談として語られたが、親子の情を考えたとき本当の親切だろうか？　結局、帰国したのは自然の成り行きと言える。

二人の進路を左右したのは願望であり、ゆえに開拓奉仕への願望を培うように励まされている。開拓奉仕が正しい選択なのは既定の事柄である。

　しかし選択の是非を決めるのは、何をするかよりも、決めた動機また理由である。世俗の職を選んだ人の場合、自分が本当に何をしたいか、何をすべきかを自分の頭で考えた末に判断と決定を下したのであれば、その選択は是とすべきものである。

　他方の選択についても同じことが言えるが、親の敷いたレールの上を進むだけのことであれば、あながち正しかったとは言えない。

　1960年代後半、東大医学部に学ぶエホバの証人が二人いた（これは実際にあった話である）。一人は中退して開拓者となり、他の一人は医学部を卒業して病院の勤務医となった。

　どちらの選択が正しかったのか？　どちらも正しいのである。後の一人もエホバの証人をやめたわけではなく、医師の立場を生かして組織に貢献している。

　開拓奉仕の選択が気の毒な結果になることもある。1950年代後半、当時は一人でも多くの特別開拓者が求められた時期であるが、協会の招待に応じたあるエホバの証人は世俗の職を辞して開拓奉仕を始めたものの、長く続けることなく特別開拓者の奉仕から離脱した。

　その理由は詳らかでないが、生活に困窮したあげく、駅

前で地面に座って靴磨きをしながら糊口を凌いだ。職業に
貴賤の別はなく、靴磨きが悪い訳ではないが、公務員とし
て役所勤めを続けていれば安楽に暮らせたに相違ない。

新世界訳と他の日本語聖書

　エホバの証人が常に備え、携えている聖書は新世界訳聖
書であり、他の聖書を参考にする人は非常に少ない。それ
は次のような認識が一般化しているからである。
　『聖書から論じる』247頁には「あなたが持っている聖書
は独特の聖書です」と言う人に対する一つの答え方として
次の提案が載せられている。

　　～なぜ私が新世界訳を好んでいるかを知りたいと思っ
　　ていらっしゃるかもしれません。それは分かりやすい現
　　代の言葉で訳されており、翻訳者たちが聖書の原語の意
　　味をたいへん忠実に伝えているからです。

「翻訳聖書－どれを選んでも構いませんか」（ものみの塔
1979年11月15日号16頁）には次の記述がある。

　　新世界訳は、読者を、神の霊感によって記された原典
　　にできるだけ近づけようと試みました。それは真剣な研

究に値するものです。エホバの証人は、自分たちの集会で、その公の伝道活動で、また欠くことのできない個人研究のためにこの翻訳聖書を活用できることを感謝しています。そうです、どの訳の聖書を用いるかは本当に重要なことなのです。

「新世界訳以外の聖書は読んではいけないと思っていました」と語った信者の女性もいる。

　しかしこれさえ読んでいればいいという完璧な訳は存在しない。字義訳と意訳の違い（これにも広い幅がある）、訳者の神学、翻訳の理念と方法論によってどの訳にも特色があり、聖書を正確に理解する、すなわち原文の意味に可能な限り近づく上で相補う関係にある。
　ものみの塔協会の出版物にも必要に応じて様々な訳が時折、引用されるのはそのためである。他の訳と比べると句の意味が良く分かる、あるいは理解が深まるという若干の例を挙げてみよう。
　これはどちらか一方が正しいという二者択一の問題ではなく、日本語新世界訳の（意味不明な？）難解な句の理解に他の日本語聖書が役立つ例、あるいは別の読み方の例を幾つか示したものである。[その後2019年に発行された新世界訳改訂版を新旧比較のために併記]

レビ記17：11

肉の塊は血にあるからであり〜血が［その内にある］魂によって贖罪を行なう〜 —新世界訳

生き物の命は血の内にあるからであり〜血が、その内にある命によって贖罪を行う〜 —改訂新世界訳

生き物の命は血の中にある〜血はその中の命によって贖いをする〜 —新共同訳

サムエル第一12：21

あなた方はそれて行って〜実在しないものに従ってはなりません。—新世界訳

実体のないものに従おうとしてはなりません。—改訂新世界訳

むなしいものを慕ってそれて行ってはならない。—新共同訳

ヨブ14：1

女から生まれた人は、短命で、動揺で飽き飽きさせられます。—新世界訳

人は女性から生まれ、寿命は短く、悩みの多い日々を送ります。—改訂新世界訳

人は女から生まれ、人生は短く苦しみは絶えない。 —新共同訳

詩編19：7

　エホバの律法は完全で、<u>魂を連れ戻す</u>。―新世界訳

　エホバの律法は完全で、<u>力を吹き込む</u>。―改訂新世界訳

　主の律法は完全で、<u>魂を生き返らせる</u>。―新共同訳（詩編19：8）

イザヤ60：14

　あなたを不敬な仕方で扱う者たちは皆、必ずあなたの<u>足の裏に身をかがめ</u>、―新世界訳

　あなたを～さげすんでいる者は皆あなたの<u>足元にひれ伏し</u>、～ ―改訂新世界訳

　あなたを卑しめた者も皆　あなたの<u>足もとにひれ伏し</u>―新共同訳

ヨハネ3：16

　だれでも彼に信仰を働かせる者が<u>滅ぼされないで</u>、永遠の命を持てるようにされたからです。―新世界訳

　独り子に信仰を抱く人が皆、<u>滅ぼされないで</u>永遠の命を受けられるようにしました。―改訂新世界訳

　独り子を信じる者が一人も<u>滅びないで</u>、永遠の命を得るためである。―新共同訳

ヨハネ6：2，4

　大群衆がそのあとにずっと付いて行った。さて、<u>ユダ</u>

ヤ人の祭りである過ぎ越しが近かった。―新世界訳

　大勢の人がその場所に向かっていった。〜ユダヤ人の祭りである過ぎ越しが近かった。―改訂新世界訳

　大ぜいの群衆が、どこまでもあとについて行きました。人々の多くは、年一度の過越の祭りのため、エルサレムへ行く途中でした。―リビングバイブル

ヨハネ17：3

　彼らが、唯一まことの神であるあなたと、あなたがお遣わしになったイエス・キリストについての知識を取り入れること、これが永遠の命を意味しています。―新世界訳

　永遠の命を受けるには、唯一の真の神であるあなたと、あなたが遣わされたイエス・キリストのことを知る必要があります。―改訂新世界訳

　永遠の命とは、唯一のまことの神であられるあなたと、あなたのお遣わしになったイエス・キリストを知ることです。―新共同訳

ヨハネ17：6

　わたしは、あなたが世から与えてくださった人々にみ名を明らかにしました。―新世界訳

　私は、あなたが世から取って託してくださった人たちにあなたのお名前を明らかにしました。―改訂新世界訳

あなたの事は全て、この人たちに話しました。彼らはこの世にいましたが、あなたが世から選び出し、わたしに下さったのです。―リビングバイブル

ヨハネ17：17（19節も参照）

　真理によって彼らを神聖なものとしてください。―新世界訳

　真理によって彼らを神聖なものとしてください。―改訂新世界訳〉

真理にて彼らを清め分かちたまへ、―日本聖書協会文語訳（表記は常用漢字に書き換え）

ヨハネ21：21

　主よ、この［人］は何を［する］のでしょうか。―新世界訳

　主よ、この人はどうなりますか。―改訂新世界訳

　主よ。彼はどうなんです？　どういう死に方をするのですか。―リビングバイブル

使徒13：48

　そして、永遠の命のために正しく整えられた者はみな信者となった。―新世界訳

　そして、永遠の命を得るための正しい態度を持つ人は皆、信者となった。―改訂新世界訳

そして永遠のいのちを求める人はみな、信仰に入りました。―リビングバイブル

コリント第一15：33

惑わされてはなりません。悪い交わりは有益な習慣を損なうのです。―新世界訳

だまされてはなりません。悪い交友は良い習慣を台無しにします。―改訂新世界訳

そういう人たちにだまされてはいけません。それに耳を傾けていると、同じ状態に陥ってしまいます。―リビングバイブル

コリント第一15：58

あなた方の労苦が主にあって無駄でないことを知っているのですから、堅く立って、動かされることなく主の業においてなすべき事を常にいっぱいに持ちなさい。―新世界訳

しっかり立って、動じることなく、主の活動をいつも活発に行ってください。～主のために働くことは無駄ではないのです。―改訂新世界訳

しっかり立って、動揺することなく、いつも、主の働きに熱心に励みなさい。なぜなら、復活は確かであり、主のための働きが、決してむだ骨に終わらないことを、あなたがたは知っているからです。―リビングバイブル

エフェソス1：11

ご意志の計るところに応じてすべてのものを作用させる方の目的のもとに、わたしたちがあらかじめ定められていたからであり、―新世界訳

神は、ご自分の意志のままに決めたことを全て実現させる方です。―改訂新世界訳

わたしたちは、御心のままにすべてのことを行なわれる方のご計画によって前もって定められ、―新共同訳

フィリピ4：17

あなた方の勘定にとっていっそうの誉れとなる実を切に求めているのです。―新世界訳

皆さんが善いことを行って報われることを願っているのです。―改訂新世界訳

あなたがたの益となる豊かな実を望んでいるのです。―新共同訳

テモテ第一4：16

そうすることによって、あなたは、自分と自分［のことば］を聴く人たちを救うことになるのです。―新世界訳

そうするなら、あなたは自分自身と、あなたの言葉に耳を傾ける人たちを救うことになります。―改訂新世界訳

そうすれば、あなたは自分自身と、あなたの言葉を聞

く人々とを救うことになります。―新共同訳

ヘブライ11：1

　信仰とは<u>望んでいる事柄に対する</u>保証された<u>期待であり、見えない実体についての明白な論証</u>です。―新世界訳

　信仰とは、<u>望んでいる事柄が実現するという確信であり、目に見えないものが実在するというはっきりとした証拠を持っていること</u>です。―改訂新世界訳

　信仰とは、<u>望んでいる事柄を確信し、見えない事実を確認すること</u>です。―新共同訳

ペテロ第一3：1

妻たちよ、自分の夫に<u>服しなさい</u>。―新世界訳

妻の皆さん、夫に<u>従ってください</u>。―改訂新世界訳

妻は夫に<u>歩調を合わせなさい</u>。―リビングバイブル

ヨハネ第一2：15

　世を愛する者がいれば、<u>父の愛はその人のうちにありません</u>。―新世界訳

　世を愛する人は、<u>天の父を愛していません</u>。―改訂新世界訳

　世を愛する人がいれば、<u>御父への愛はその人の内にありません</u>。―新共同訳

新世界訳聖書に関する若干の注解

ヨハネ3：16

　独り子に信仰を抱く人が皆、<u>滅ぼされないで</u>永遠の命を受けられるようにしました。―新世界訳

　御子を信じる者が一人も<u>滅びないで</u>、永遠の命を得るためである。―聖書協会共同訳

「滅ぼす」と訳されるギリシャ語（*apollumi*）は、（1）「完全に滅ぼす」、（2）中動態［middle voice］において「滅びる」を意味する。
　―*Vine's Complete Expository Dictionary of Old and New Testament Words,* NEW TESTAMENT SECTION p. 164

「滅ぼす」の英語 "destroy" は常に他動詞であるから「滅びる」の英語は "perish" である。調べ得る限りどの英語聖書を見てもヨハネ3：16では "perish" が使われている。新世界訳の "not be destroyed"「滅ぼされないで」は不適切な訳と言える。
　ヨハネ3：16のギリシャ語は中動態、自動詞である。
"should not perish but"（*mē apolētai alla,* second aorist middle subjunctive, intransitive, of *apollumi,* to destroy）Robertson "*Word Pictures in the New Testament*" V, p. 51

　また「滅ぼす」と「滅びる」は同じではない。前者の場合には滅ぼす者と滅ぼす意思の存在が想定されるが、後者の場合は自滅である。

　「神は、あらゆる人が救われて、真理の正確な知識を得
　　ることを望んでいます」―テモテ第一2：4
　2014年3月1日号ものみの塔 3-5頁は意図的に欽定訳聖書（perish、滅びる）を用いている。

動詞「知る」の意訳
新世界訳改訂版　ヨハネによる福音書

　ヨハネ17：3「～知る必要があります」
「知る」＝「永遠の命」ではないので聖書には無い語句（下線部）を付け加えている。これは翻訳者の論理（思考パターン）であり、聖書は1＋1＝2の論理で書かれていないことを理解すべきである。
　意訳が許容される範囲を超えている。「知る」ことこそ「永遠の命」であるという聖書の句から読者は「知る」ことが必要不可欠であるとのメッセージを汲み取ることができる。意味内容が不明あるいは難解になることはない。これは魂を揺り動かす神のことばの力を弱め、聖書を解説書に書き換えたような訳である。（ヨハネ第一4：8；ヘブライ4：12）

なお、翻訳委員会は「意訳が許容される範囲」について以下のように述べている。

　　　新世界訳聖書翻訳委員会は〜（字義訳と意訳との）バランスを取るように努めてきました。これにより読者は聖書を楽に読めると同時に、神からのメッセージが正しく訳されているという確信を持って読めます。

　　信頼できる翻訳とは
　　・直訳すると意味がゆがんだり曖昧になったりする場合は、直訳せず言葉や句の正しい意味を伝えている。
　　　　　　　　　　　　　　—改訂版2041頁：下線は筆者

ヨハネ15：18「知るのです」（新世界訳初版）→「思い出しなさい」
　・聖書の語句とは異なる語句を用いた書き換え

ヨハネ19：4「何の過失も見いださないことを知らせるため」（新世界訳初版）→「何の過失も見つけられないのだ」
・動詞「知る」を省いた書き換え

※日本語訳の原文である改訂英語版ではこれらの意訳をしていない。

ヘブライ11：6

　神に近づく人は、神が存在し、<u>熱心に仕えようと努める</u>人たちに報いてくださる、ということを信じなければなりません。

　下線部のギリシャ語の語義は「熱心に求める」であり、「熱心に仕えようと努める」ではない。「求める」と「仕える」は別々のギリシャ語である。［*THE NEW STRONG'S EXHAUSTIVE CONCORDANCE OF THE BIBLE*］また「熱心に仕えようと努める」のは神を<u>求めて見出した後</u>の結果であり、最初の過程を省いて結果に飛躍しているのは訳者の解説であって余りにも極端な意訳である。

　ちなみに初版新世界訳と英文改定新世界訳はこのように極端な意訳をしていない。

　神に近づく者は、［神］がおられること、また、ご自分を<u>切に求める</u>者に報いて下さることを信じなければならないからです。

〜 for whoever approaches God must believe that he is and that he becomes the rewarder of those <u>earnestly seeking</u> him.

行間を読む

　行間を読むとは「文章に表わされていない筆者の心情や真意をくみとる」こと（現代新国語辞典）とされる。以下の例で［　］内は行間から汲み取れる筆者の心情や真意を表す。

詩編51編17節
　［〈神に〉受け入れられる］神への［私の］犠牲は砕かれた霊なのです。

　バテシバとの姦淫と殺人の罪がモーセの律法の定める犠牲によって覆われるものではないことをダビデは知っていた。それで律法の犠牲のことを言っているのではない。犠牲は神の求めと一致して捧げられるものであり、ダビデはこの場合、神とどう向き合うべきかを知っていたのである。
　括弧内の言葉を補って読むならば、ダビデの真意をくみとることができる。神に受け入れられるかどうかの視点から自分の考えや行いを吟味することの必要を教える教訓でもある。

　行間を読む手掛かり：*New International Version* 欄外の註と本文の前書き、*Amplified Bible* の本文と前書き、

リビングバイブル。

ものみの塔 2012年10月15日号 （24頁7節）

［神の約束が果たされないことはあり得ないので、（人間の場合とは異なって）神は約束に誓いを加える必要がない］のに、「神がアブラハムに約束の実現を誓ったのはなぜでしょうか」（7節の冒頭に提起されている質問）

質問の背後にあるロジック（論理）を考えれば、その答えは「保証を与えるため」ではないことが予想できる。しかし設問の答えを探すだけならば、7節の4行目に「保証を与えるため」とあるのが答えで、読者の思考はそこで停止して他のことには考えが及ばない。しかし行間を読めば、その答えはおかしいことが分かる。

「保証を与えるため」（"reassure"）は「安心させるため」と読み替えるほうが正しい意味にとれる（節に引用されたヘブライ6：18「強い励みを持つため」とも、より良く一致する）。

ヘブライ6：16-18についての考察

（『洞察』第2巻191頁と比較）

パウロは人間の誓いを例にして神の誓いに言及しているが、人間の誓いの意味をそのまま神の誓いと同列に論じてはいない。両者は同じではなく、異なる意味合いを持つ。

人間の誓いは約束が反故にされるリスクを小さくする点

で、誓いの有無は約束の質に相違を来す。誓いを破ること
は重大な結果になることから、誓いは約束が守られる保証
となる。

　一方で神の約束は果たされたのと同じであるから誓いが
加えられたとしても、約束に本質的な違いは生じない。

　両者の共通点は「安心感を与える」ことで「保証を与え
る」ことではない。しかし共通点のアナロジー（類推）で、
約束を信じる励みを与える。

　聖書はなんと述べているか：

　誓いの理由（目的）：アブラハムへの約束に誓いが加え
られた理由は、「わたしたちが、自分の前に置かれた希望
をとらえるための強い励みを持つため」である。（ヘブラ
イ6：18）

　神が行われたことの意味：このことにおいて神は「保証
を与えた」とパウロは述べておらず、「誓いをもって踏み
込まれた」（新世界訳）と述べている。（ヘブライ6：17）

　この聖句には様々の訳し方がある（*Eight Translation
New Testament,* Tyndale, 1974）。

・King James Version："confirmed it by an oath"

欄外："Gr. interposed himself by an oath"（*The New
Hendrickson Parallel Bible,* Hendrickson, 2010）

・Revised Standard Version："interposed with an oath"

・New International Version そ の 他 : "confirmed it with an oath"

RSV の "interpose"〈間に入る〉はギリシャ語の字義を伝える訳語で、新世界訳の "stepped in" はこれに近い。

使徒17：31の「神は〜保証をお与えになった」は**ヘブライ6：17**の「踏み込まれた」（新世界訳）また「保証なさった」（共同訳）とはギリシャ語が異なる。(*The New Strong's Exhaustive Concordance of the Bible,* Thomas Nelson, 1984)

後書き

　ここに書いた事柄は「そのとおりだ」と読者が判断されたとしても、エホバの証人の組織が神に用いられている組織であるとの主張を必ずしも否定するものではない。人間の組織である以上、完全ではあり得ないからである。

　一般にエホバの証人の間では組織の批判者を背教者と目_{もく}する傾向がある。組織の批判＝背教の図式が成り立つのは組織＝聖書を前提とするからで、この「常識」に捕われている人の頭の中では本人が気付かないうちに聖書の権威が組織の権威にすり替えられているのである。

　聖書によれば人間の組織を批判するからといって反キリスト（ヨハネ一2：22：ヨハネ二7，10）ではなく、背教者（テモテ一1：19；ヘブライ10：29）になるわけでもない。批判を許さない独善と権威主義が神の唯一の組織と両立するか否かは、他に幾つもある問題の検証も行った上での各人の総合的な判断に委ねられている。

　たとえば紀元前607年と西暦1914年の根拠［これは最も重要で決定的な要因である］、『エホバの証人　神の王国をふれ告げる人々』から省かれている様々の事実や半面の真理、統治体の内幕など。

　これらの点はレイモンド・フランズ／樋口久訳『良心の危機』、カール・ヨンソン／クリスチャンブック研究会訳

『異邦人の時 再考』に詳しい。（いずれもせせらぎ出版）

　信仰は事実から出発しなければならない。それは裁判官が心証を形成するのと同じである。原告と被告双方の言い分を聴き、証拠を調べたうえで初めて心証（裁判官が事件の審理によって心の中に得た確信）を形成することができる。

「知らぬが仏」の仏に甘んじて安住するのは、「自分の頭で考えなかった」悲劇と隣り合わせである。故に自分が身を置いている組織が神の器であるという「常識」を再考し、再検討して、組織に対する自らの信頼の根拠を確認するのは為すべき価値のあることではあるまいか。

　ここに収められている情報は殊更に広める意図のものではなく、理解と関心ある方々の参考に資するものであり、ご教示をお願いしたい。

2013年7月

（この日付以後に加筆された部分も含まれています）

キリスト教研究
「問題の書」を翻訳刊行

The Gentile Times Reconsidered
Chronology and Christ's Return

Carl Olof Jonsson

増補改訂版（第4版）

異邦人の時 再考
年代学とキリストの再臨

C.O.ヨンソン
著

クリスチャンブック研究会
訳

ルカによる福音書21章24節の聖句「異邦人の時代」は過去2世紀のあいだキリストの再臨を期待する人々の間に推測と失望をもたらしてきた。この信条の起源と発展はどのようなものか？歴史と聖書の事実から分かる事とは何か？

せせらぎ出版

ルカによる福音書21章
24節の聖句「異邦人の時
代」は過去2世紀のあい
だキリストの再臨を期待
する人々の間に推測と失
望をもたらしてきた。
この信条の起源と発展は
どのようなものか？
歴史と聖書の事実からわ
かる事とは何か？

異邦人の時　再考　増補改訂版（第4版）―年代学とキリストの再臨―
C.O. ヨンソン・著／クリスチャンブック研究会・訳
せせらぎ出版
A5判並製／444頁／ISBN978-4-88416-263-4／¥4180（本体価格¥3800）

Kindle 版も販売中

ものみの塔 誌を深読みする　他 二編

2021年 7 月15日　初版第 1 刷発行

著　者　クリスチャンブック研究会
発行者　瓜谷　綱延
発行所　株式会社文芸社
　　　　〒160-0022　東京都新宿区新宿 1 － 10 － 1
　　　　　　　　　電話　03-5369-3060（代表）
　　　　　　　　　　　　03-5369-2299（販売）

印刷所　株式会社平河工業社